吃饱了，才有力气减肥！

生で食べる　ダイエットの秘密

生食减肥书

生で食べる　ダイエットの秘密

吉川珠美 著
吴怡文 译

云南出版集团公司
云南人民出版社

作者序

生食饮食法，找到最美丽的自己

在享受美食的同时还可以拥有苗条的身材和健康的身体，是许多人的愿望。但实际上，应该也有很多人会觉得这两件事完全背道而驰，认为“怎么可能有这么好的事？”而直接放弃。虽然科学和医学日新月异，但是可以变瘦的有效方法却尚未确立。不仅如此，因为许多人都无法很好地利用数不胜数的减肥信息，肥胖者和代谢症候群患者不断增加。

医院里的医师和营养师说的话，听起来似乎没什么说服力。所有的肥胖者和新陈代谢症候群患者明明都很喜欢吃东西，但他们却说，为了减肥，8点以后不能吃东西。而且，还会叫大家只吃八分饱或必须保证一周运动3天。

这些事就算不用说大家也都知道，但恰恰就是因为知道却又做不到才会觉得苦恼。结果，因为压力不断累积而自我厌恶，产生挫折感，甚至会开始否定自己。不管别人给的建议是多么的体贴温暖，也只会得到相反的效果。

而本书所介绍的“生食”饮食法是可以消除这些矛盾的。它可以同时满足我们追求美丽的渴望和品尝美味食物的需求。觉得难以置信的读者，请务必试着阅读这本书。希望大家都可以借着阅读这本书而找到理想的自己。

（日）吉川珠美

推荐序

令人惊喜的生食饮食法

现代人因生活形态导致营养摄取不均而罹患癌症、慢性病等疾病的比率逐年增加，因此，如何正确饮食，已成为现代人养生的重要课题。

令人惊喜的是，在这本书中，作者利用日本人的饮食习惯及方式为基础，加上本身营养学的专业，衍生出生食饮食模式，生食顾名思义，就是多食用未经烹调的天然食品，作者认为唯有生食才能确保摄取到完整的食物营养，如高活性的酵素及营养素等。

酵素是维持细胞产生运作的最基本原料，而且人体会随着年纪的增加而降低酵素的产生，因此作者提出一个营养的新假设“酵素如果用完了，生命也结束了”，所以“如何避免酵素浪费，可以补充体内酵素的饮食方式是怎样的”，则成为本书的主轴。

书中对于生食减重法着墨甚多，提供了想减重的人一种安全又有效的好方法。本书中还有一个有趣又简单的理念——体内循环时间表，大家只要利用此时间表，搭配书中建议的生食食谱，那么身体的循环与细胞代谢都可以维持在较平衡的状态，疾病也就可以远离我们。

这是一本好书。我一向主张“利用健康的食品与饮食”来达到养生保健的目的，相信读者在阅读此书后会更明白生食的好处，因此我把这本好书推荐给各位。

黄惠宇
台湾实践大学食品营养与保健生技学系教授

目录

CONTENTS

> 生食减肥法的好处，绝对不会反弹 <

> 生食减肥法，改变了我的人生 <

Part2 体内酵素大革命，打造无毒的健康体质！

> 体内循环时间表 <

> 消化酵素、代谢酵素、食物酵素，体内的三大酵素 <

> 消化酵素——负责分解食物 <

目录

CONTENTS

目录

CONTENTS

Part3 生食酵素新吃法，让你爱上轻饮食！

> 早上的水果如黄金一般 <

> 如何克服对生菜的障碍 <

> 新吃法！简易生食食谱 <

> 如何养成生食的习惯 <

Part 1 生食酵素减肥法

给你持久不反弹的窈窕曲线！

减肥前

先和生食&酵素做好朋友

生食，是健康能量的来源

生食，简单来说就是生的食物。因为是活的，所以充满能量！

肉、鱼、水果、蔬菜……我们每天都要食用各种各样的食物。食物是身体的粮食，如果停止进食，我们就会失去继续活下去的能量。虽然大家都了解这一点，然而，因为进食这个动作一直很理所当然地被不断重复着，所以，我们很容易就会忘记它的可贵之处。我想应该有许多人都曾经因为埋首于忙碌的工作或是以没有时间为借口——三餐只求填饱肚子，这种进食方式是非常不正确的。

究竟什么才是正确的进食方式呢？首先，我们必须再度回想一下“进食”这个行为本身的重要性。进食，就是得到生命。不管是肉类、鱼类、蔬菜、水果，所有的食物都是有生命的。在被吃进嘴里之前，它们和人类一样都是生物。

肉类、鱼类是长成动物外形的肌肉，蔬菜不仅是植物的叶子，也是果实。这些东西进入人体后变成我们的血液和肌肉，也就是说，我们必须吃多种营养素，才能有益于身体健康。当我们试着想象这个过程时，就会惊然发现食物为我们的身体带来了旺盛的精力，让我们体力充沛，而且你应该也可以很自然地理解，进食这件事不应该被草率地对待。

身体是由我们过去所吃下的东西转化而成的。而且，未来的身体也和我们眼前的食物有着密切的关系。

接下来，就让我们来谈谈生食。生食，即英语的“Raw Food”。直接翻译便是“生的食物”。为什么现在要特别注意生的食物呢？那是因为在生的食物中，蕴含着许多生物本身的能量。只要我们稍微想象一下就可以很容易解开其中的运作机制。

以莴笋来说，刚摘下的清脆叶片应该比放了一段时间的萎软叶片含有更多的营养吧？生食的基本概念就和这个印象一样：借着尽量摄取接近活着时的状态的食物，以最大的限度来利用它们所含有的营养素，这是从最新的营养学所归纳出的饮食方式。

吃生食，就能取得酵素[注]

酵素是维持人类生命不可或缺的物质。

酵素的主要成分是蛋白质。它存在于动物、植物，甚至是微生物等所有生物中。细胞的所有生命活动都需要酵素，不管是任何动作或是思考的时候，都少不了它。没有酵素，我们就无法生存下去。

如果将酵素比喻成车子的司机，就应该很容易理解了。车体相当于蛋白质，汽油则是糖类和脂肪。美观又坚固的车体已经加满了汽油，可是，如果没有司机呢？即使有司机，如果驾驶的技术很差呢？应该没有办法让他们开车上路吧。如果缺乏优秀的酵素，我们就无法让身体进行运作，即是缺乏生命力。

酵素是在18世纪被发现的。当时认为，只要可以不停

注：酵素，就是我们通常所指的酶。

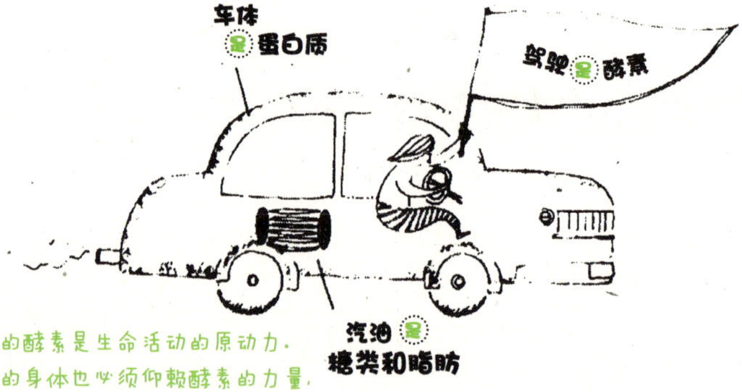

体内的酵素是生命活动的原动力。
健康的身体也必须仰赖酵素的力量，
就好比车子能平稳的行驶，
和司机的技术密切相关。

地摄取蛋白质，人类体内就可以不断地制造酵素，人们并不知道酵素的重要性。而后随着时间的推移，科学家提出在人的一生当中，人类体内所能够制造出的酵素总量有一定的限制，也就是说，人体所产生的酵素会随着年纪的增加而减少。这个近年来对营养学界造成极大震撼的新理论逐渐抬头。因为它是主张“如果酵素用完了，生命也结束了”的大胆学说，那么什么是既可以避免浪费酵素，又可以补充体内酵素的饮食方式？这个研究也在不断地进行中……这也是我们这本书的主题，也就是下一个重点。

我们已经知道，生食中含有许多酵素，而这种食物酵素可以对我们人类有限的体内酵素提供协助。

食物经过高温烹煮，酵素就会消失

生食，顾名思义，就是生的食物。我在前文中已经提到，尽可能食用接近活着时的状态的水果、蔬菜、肉类、鱼类等食物，这种想法是以营养学为基础所发展出的饮食方式。

那么，为什么必须是生的呢？

因为这样的话，就可以将食物中所含有的酵素，尽可能地摄取进我们的身体当中。酵素，存在于包括动植物的所有生物体当中。当然，食物体中也含有酵素，不过，因为只要温度超过46℃~48℃，酵素就会遭到破坏，所以，经过加热调理后的食物就没有办法进行酵素的补给了。

让我们从最简单的角度来思考生食与变美丽之间的关系。

从生的食物中摄取到酵素之后，会让身体里的所有内脏机能，从原本处于睡眠状态慢慢苏醒过来，开始进行神经调节与荷尔蒙平衡。

这样的过程就感觉来说，或许就和自然治愈一样。与其说是从生的食物中得到酵素的生命力，倒不如说是找回我们人类身为动物的原有精气，变得元气十足。元气，在某种意义上和美丽是同义语，和减肥也有关联。生食和美丽几乎可以画上等号。

就营养学来说，我们知道酵素会促进细胞活动，让囤积在体内的脂肪有效燃烧，转变为能量，消除身体的肥胖。除此之外，它还可以促进皮肤的新陈代谢，让肌肤变得光滑湿润，同时，还可以加速细胞的重生，促进疲劳的恢复，让身体充满饱满的能量。因为身体会排出多余物质，朝着解毒净化的方向前进，所以不会发生反弹的情况。

热度超过46℃～48℃

酵素随着温度所产生的状态变化在P20进行说明。

常吃甜食会使味觉疲乏

关于含有酵素的生食为什么有益健康，为什么可以让人变瘦这些问题，在之后的章节会再慢慢加以说明，在说明道理之前，我希望大家都可以觉得“生的东西很好吃”，让你的身体感到满足。

请大家试着想象一下橘子。一般来说，大家只会很模糊地觉得它是一种黄色的圆形水果，但事实上，它可是比大家所想的还要复杂。有的橘子很甜，有的则酸得要命，有些橘子的皮还带点淡淡的苦味。因为有好几种味道相互混合，所以每一颗橘子的味道都非常复杂。夏天结成的果实和秋天结成的果实，随着收获时节的不同，味道也有所差异；阳光充足的山上斜坡和昼夜温差较大的山丘上，种植的场所不同，也会影响橘子的味道。一个橘子就是一个生命，它们分别带着自己的个性而活着的这个事实，就直接表现在它们的味道和香气上。

可以让舌头更清楚地分辨出微妙的美味，让味觉变得更加敏锐，就是生食生活所带来的愉快效果。人们变得可以用自己的感觉来捕捉食物的味道，拥有专业级美食家的舌头。我们甚至可以说它是一种野性的复苏。生食是磨炼五感（注：视觉、听觉、嗅觉、味觉、触觉）的绝佳机会。

舌头以味蕾的细胞来感觉味道。当这种细胞非常新鲜而活跃时，味觉就会变得很敏感，相反地，当细胞变老后，味觉就会变得比较迟钝。因为生食中含有促进这种循环的酵素，所以可以让细胞经常保持在年轻的状态。

我希望孩子们最好可以培养能够品尝出食物美味的舌头。每个人的味觉接受度，特别是对酸味的接受度，都不太一样，如果老是吃些点心类的甜食（糖分很高的东西），就有可能会变得无法接受酸味。这样一来，他们就不会去接触有着水果般酸味的生食。结果，就会导致味觉变钝的恶性循环。如果真的变成一个无法享受品尝美食之乐的人，那实在是太不幸了。

减肥期间

生食吃法

决定瘦身的关键

早餐吃水果，可以净化肠道、通便

如果想要早一点感受含有大量酵素之生食的好处，我建议你只吃水果当早餐。因为非常方便，就算当做被骗也好，请大家试着实行一个礼拜。

一个礼拜所感受到的，简单来说，应该就是肚子被清干净了的感觉，拉开之后和网球场网子一样长的肠子，会有一种被食物纤维清干净的感觉。如果肠子变干净了，益菌就会增加，❤ 被视为健康关键的肠道运作就会变得顺畅协调。身体的状况变好之后，心情也会有所改变，肚子饿时那种情绪急躁、有气无力的感觉也会消失不见。

让我再从营养的角度来说明这件事。之所以会有净化的感觉，是因为相对于谷类和肉类，水果是比较容易在体内消化的食物。因为不用为了消化食物而浪费热量，所以，那些能量便可以充满我们的身体。

此外，水果中含有大量可以清除肠道、促进食物胆固醇排泄的果胶（Pectin）等食物纤维。因为还会有维生素与矿物质，所以，我们可以感觉到身体从早上就开始很不可思议地动了起来。再者，钾也会彻底发挥将多余盐分排出体外的功能，真的是好处多多。

水果早餐会不会让血糖急速上升呢？或许有人会这么想。不过，请不用担心，水果中的糖类，除了葡萄糖之外，还有果糖。因为果糖不会刺激胰岛素，所以血糖不会急速上升。因为食物纤维也会让葡萄糖的吸收变得比较稳定，所以也比较耐饿。

水果早餐食谱

P134中有早餐水果食谱的介绍。

试着吃水果早餐，肠道将会体验到前所未有的清爽感！

不用担心！吃水果不会胖

吃了肉之后，一边抱着肚子，一边说着："好痛苦啊！"应该有不少人都有过这样的经历吧。大脑虽然会在瞬间就充满"吃过了"的满足感，但相反地，身体的感觉却非常沉重、筋疲力尽，最好可以马上就躺下来。没错，之所以会产生这种筋疲力尽的感觉，就是因为身体为了消化蛋白质和脂肪所需要的能量，远远超乎我们的想象。

加热过度的肉类所产生的蛋白质，会在肠内腐化，成为坏菌的温床，造成肠道老化。♥ 当坏菌增加，肠道的运作变差时，即使进食也无法吸收营养素，反而有可能让蛋白质吸入致癌物质。所以请大家千万要小心，不要摄取过量。♥

但是，如果吃下去的东西不是肉而是水果呢？因为水果本身就含有许多食物纤维和消化所需的酵素，所以，不会对身体造成额外的负担。即使尽情地吃，那股饱足感只要过了15分钟就会消失，留下的只有胃肠的轻快和空荡感。

请试着将彩色圆圈当做酵素。
因为生食中充满了酵素，
所以，只要吃下适当的分量，
身体就会感到满足，
不会导致饮食过量。
如果是缺乏营养的点心、糖果，
大脑会因无法得到满足而食用过量。

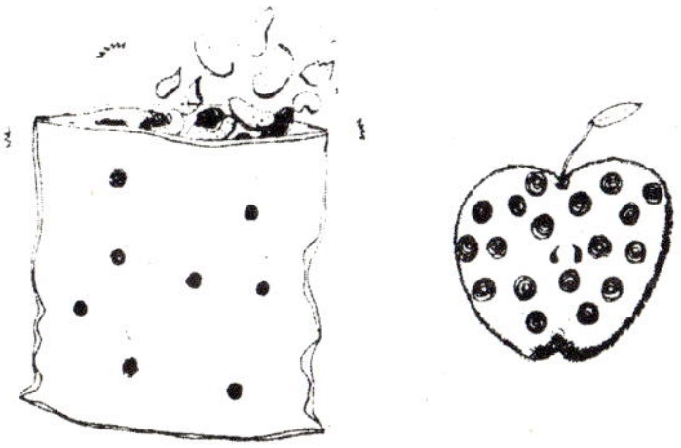

从生食中获得的饱足感，真的非常舒畅清爽！这也是生食的好处。

“就算是水果，吃太多的话应该也会发胖吧？”有这个疑虑的人请注意看以下的文章，这件事其实是不用担心的。

水果等生食中含有可作为生命活动原动力的酵素、维生素和矿物质。摄取适当的分量之后，可以在体内储存充分的营养素，大脑也会收到“充满营养”的讯号。如果大脑已经觉得足够了，在那个时间点上，想吃的冲动也会停止。也就是说，并不会吃过量。

如果是垃圾食品则会引起相反的反应。因为那些东西中没什么营养，不管吃下多少，大脑都不会满足。结果，为了补充不足的营养素，大脑会发出“把手伸进袋子里”的命令，导致食用过量。

多吃水果，可以预防中风

实验证明：水果的能量对缺血性心脏病（Ischemic Heart Disease）、高血压、心律不齐、中风等循环器官的疾病有预防效果。不只是减肥和美容，健康对我们而言更是永远的课题。大家一定都会觉得很好奇，吃水果是如何促进健康的呢？现在就为各位介绍一下。

以下是2007年10月发表的，由厚生劳动省研究班所进行的有关《蔬菜和水果与罹患所有癌症、循环器官疾病之关联》的调查结果。实验针对46~47岁的男女，约8万人进行长达6年的追踪，结果发现，经常食用水果的人罹患循环器官疾病的概率相当低。

这个研究先统计出受试者一天的水果摄取量，再根据这个数字分成四个小组，水果摄取量最多的小组（平均280克，约一个大苹果）循环器官疾病罹患率比摄取量最少的小组

（平均35克）低了19%，也比第二多的小组（平均158克）低了17%！我们可以发现，水果吃得越多的人，患病的人数比例就越小。你们不觉得这个差距大得令人惊讶吗？

水果中含有丰富的食物纤维、维生素、矿物质和钙质，很久以前大家就认为它可以预防会引发脑中风的动脉硬化和高血压等病症。水果中所含有的酵素能量，也就是只要我们继续活下去就绝对少不了的酵素能量。

然而在同一个调查中，并没有发现蔬菜摄取量和疾病罹患率是有关系的。蔬菜中虽然也含有丰富的酵素、维生素和矿物质，不过，和水果不同的是，蔬菜会经过炖煮、烧烤，经常是加热之后再食用。蕴藏在生食中的酵素影响力，很难从蔬菜中释放出来。

根据日本《饮食平衡指南》，一天水果摄取量的目标值为200克（约一个苹果）。但是，大家不要只在意量的多寡，我希望大家可以借着养成摄取水果这个生食之王的习惯，慢慢地提高自己的健康指数。

味噌、纳豆，酵素含量超丰富的极品

日本是一个水质相当干净的国家。日本人一直都有着生吃食物的文化，生鱼片、寿司、纳豆、味噌是日本生食文化的起源。

而其中的代表性食物就是生鱼片。现在，在世界各地，寿司引起了广泛的讨论，但过去只要一说到要生吃鱼类，许多其他国家的人还会皱起眉头。

肉类也可以生吃。只要够新鲜，不管是牛、鸡，还是马都可以生吃。日本人对这些事一点都不奇怪。

有一种名为保存食物的文化。在严寒的地方，由于冬季无法采收蔬菜，而食物又无法长期保留生吃，所以就利用腌渍食品来补充酵素。这真的是从生活环境当中所发展出来的文化。

大家绝对不能忘记的是，酵素含量相当丰富的味噌和纳豆等发酵食品。其中，最需要特别介绍一下的就是纳豆。

所谓的发酵，指的是借着酵母等微生物中的酵素力量，将有机化合物进行分解。这些说明文字看起来或许很难理解，不过，纳豆也是经历了同样的过程制作而成的。具体来说就是纳豆菌的细菌将大豆蛋白质进行分解，里面所含有的酵素，比起发酵前的大豆还要多了许多。

纳豆是偶然间完成的产物。

据说，它是以稻草包裹的大豆偶然间自己发酵形成的，不过，如果将它解释成是上天所赐予我们的食物，各位不觉得很让人惊奇吗？

酵素在48℃以上的热度，就会消失光光

动植物以及所有生物的体内都有支撑我们生命活动的酵素。水果、蔬菜、肉类和鱼类等各种食物当然也都含有酵素，不过，并不是只要随随便便地把它们吃下就可以了。酵素最大的特征是只要是48℃以上的温度就会将它们破坏。

就一般的料理来说，如果是以烤箱来进行烘烤，大约为180℃~200℃，若使用蒸煮工具，大约是80℃~100℃，油炸食物则是在160℃~180℃的高温下来制作的。即使是需要较长时间的炖煮料理，也是如此。不过，酵素对热相当敏感，必须以46℃~48℃以下的料理方式来食用，这一点请大家一定要记得。

容易被大家误解的，首推市售的果汁。市面上有许多加了水果果汁的商品。但是，即使含有维生素和矿物质，生的水果一旦加热，就没有酵素。就算是每天喝，也无法补给酵素。

话虽如此，如果要将一天三餐全部改成生食的话也非常困难。应该有些人大部分时间都在外面用餐，对这些人来说，可以选择有生菜色拉的餐厅用餐也是一种方法。购买市售的小菜时也是如此，我们很容易只注意保存期限和制造场所，不过，如果可以试着加上生食这个观点来购买蔬菜，身体可以吸收到的酵素分量就会有所不同。

香蕉由绿转黄，就是酵素的魔力

酵素会左右我们的生命活动。酵素的种类非常多，就光是现在所知道的，在我们体内就有高达3000种以上！ 虽然我们意识不到，但那些肉眼看不到的酵素每天都在帮我们维持生命，真的是非常了不起。

这3000种酵素的每一种都有它的任务。如果要举出除了"只要遇到48℃以上的热度就会遭到破坏"以外的特征，那就是——基质特异性（Substrate specificity）。也就是说，所有的酵素都拥有"在体内的固定场所，在固定的条件下进行运作"这种特质。

大家所熟悉的酵素——淀粉酶（Amylase）就是在唾液和小肠中活动的。首先，唾液中的淀粉酶会将吃入嘴里的糖类进行部分的消化。 如果我们不断地咀嚼米饭，就可以尝到一股甜味，这就是糖类因为淀粉酶而消化的缘故。接着，在胃部，淀粉酶会暂时停止活动，然后，它会再针对之后被运送到小肠的糖类进行作用，最后将其消化成葡萄糖。

另外，身为重要酵素的胃蛋白酶（Pepsin）又是如何呢？胃蛋白酶的功能是消化蛋白质。当蛋白质被运送到胃部时，胃蛋白酶就会开始分泌，进行消化活动，接着，蛋白质会被十二指肠的胰蛋白酶（Trypsin）、糜蛋白酶（Chymotrypsin）、胜太酵素（Peptidase）等分解成氨基酸这种小单位。

一如上述，酵素会规矩地待在自己该待的地方，完成自己的工作。也就是说，酵素就和传统师傅一样，有着自己的政策和坚持。酵素和身体之间有着如钥匙和钥匙孔一般的特别关系，真的非常有趣。

现在就来介绍一下肉眼可见、容易了解的酵素的活动。

把绿色的香蕉放在常温的房间里，随着时间的流逝，外皮会开始变色，同时也会变得比较甜。事实上，这也是酵素的作用。这是淀粉被分解成葡萄糖的证据（亦称自我消化）。不只是水果，肉类和鱼类的熟成也是相同的现象，食物的熟成和酵素也有着相当密切的关系。

吃生食不会让体质变寒

早上起床，白天活动，晚上就寝。日常生活中，人类会将活动时间与非活动时间加以区分。可是，请试着想一想，睡觉的时候，你身体的一切都是静止的吗？应该不是！你会呼吸，心脏会动，会流汗，也会做梦。事实上，在这段自以为在休息的时间里，身体并没有在休息。

体内的酵素也是如此。一如前面的章节所提到的，必要的时候，酵素会在必要的场所展开活动。不受时间的限制，不管什么时候。

只要想想感冒的时候，应该就可以理解酵素在体内夜以继日地为我们所做的努力。

当温度升高到某种程度的时候，酵素就会加速活动。也就是说，发烧时，酵素的活动就会变得更加活跃。酵素变得更加活跃之后，就可以制造出许多白血球。 一旦白血球被制造出来，就可以提高免疫力，就是这样的过程，容易给人负面印象的发烧，就是酵素为了我们和存在于体内的敌人——感冒病毒，正在进行对抗的证据。对我们身体来说，这是非常正面的活动。不发一语的酵素是不管何时都会奋勇起身的体内战士！真是令人感动啊。

另外，在持续发烧的时候，因为酵素的工作比平常还要多，所以也会出现疲倦的现象。如果超过一定程度，重要的酵素也会被耗损，所以，身体会进行调节，将体温保持在36℃左右。

顺带一提，许多人可能都会有这个疑问："吃生的东西会让身体发冷吗？"实际上，体温调整是能量在被正常燃烧的现象。让许多女性感到困扰的手脚冰冷，事实上也是代谢不良或血液循环不佳所造成的。生食中的水果、蔬菜、肉类和鱼类中也含有热量，因为它们含有大量燃烧热量所必须的酵素、维生素和矿物质，所以，可以很有效地将身体保持在理想的体温。

别相信调理包可以减肥

假设某种生食和调理包食品拥有相同的热量。

首先，因为生食中含有酵素、维生素、矿物质等营养成分，所以食用之后马上可以为身体补充营养素，在享受满足感的同时，热量变得容易燃烧，代谢也相当顺畅。所以，不会发胖。

那么，调理包食品又是如何呢？如果你觉得：因为热量一样，所以不管吃哪一种应该都无所谓，那就大错特错了。因为调理包食品和罐头以保存为主要目的，所以都经过了过度的加热处理。而且其中有大部分的食品因为拥有很高的热量，所以会成为能量的来源，不过，在代谢能量所需要的酵素、维生素等营养素上却呈现不足。

如果采取这样的饮食方式，大脑会发出“请摄取更多的营养”这种提高食欲的指令。可是，如果在这个时候还是一样吃着高热量、低营养的食品，体内营养缺乏的情况就变得更加严重，大脑也会不断发出“需求”，陷入一种恶性循环。结果，因为只针对热量不断地进行摄取，所以皮下脂肪也慢慢累积……

没错，肥胖并非营养过剩，而是营养失调！这才是事实。

这样的思考方式称为营养价值。营养价值以“N / Crate”，亦即“相对于热量所含有的营养素之比例”为指标。简单来说，即使热量相同，N / Crate越低的饮食，就越容易发胖，越高就越不容易发胖。不过，就算是经过严密的热量计算，也无法只凭这一点就达到减肥的目的。

此外，如果是以含有丰富维生素与矿物质的食物所制作的加工食品，是不是就很好呢？不，那也是不行的。食物在加工过程中会进行加热，酵素已经被破坏了。如果没有摄取酵素，身体就无法制造能量，结果还是一样没有意义。在《Journal of Nutrition》杂志（1937年）所发表的论文中曾经提出，大量食用罐头的人容易发胖。

N / Crate

“N / Crate”的N是营养素（Nutrition）的简称，C则是热量（Calorie）的简称。

生食减肥法的好处

绝对不会反弹

酵素能帮助大脑稳定进食

减肥的宿敌便是反弹。即使可以抑制自己的食欲，一口气进行减量，但真正的问题是在那之后。成功与否并不能只看一时的体重变化，而要看是否可以维持减轻后的体重。

不过，请大家放心。我之所以推荐生食减肥法，就在于它不会产生大家所害怕的反弹现象。只要可以养成多吃生食的习惯，已经变苗条的身材绝对不会再恢复原状。

这一切都要从身体，不，是大脑自己发现内定调节点（Set Point）开始。

所谓内定调节点，指的是最适合自己的体质、体型和体脂肪率。每个人都有着自己的理想内定调节点，大脑在本能上就知道那是什么样的状态。不过，因为混乱的生活和饮食习惯却让人一直无法达到那个状态。事实上，不管是肥胖、疾病或欲求不满，都是其中的差距所造成的。

对这样的人而言，酵素的力量特别有效。因为只要以生食维生，充分摄取需要的酵素，身体就会相当高兴。这么一来，大脑也会对身体作出反应，开始运作，将身体往理想的身材状态引导。

如果持续摄取生食，找到自己的体重定点，就可以拍手鼓掌了。因为只要大脑不要忘记曾经体验过的舒畅感受，就可以控制身体，我们只要将身体交给那些控制技巧就可以了。

我已经说过，之所以无法戒除点心和调理包食品，乃是因为大脑没有得到满足。因为不管吃多少都无法补充足够的营养素，所以，大脑就会开始焦虑——必须趁现在多摄取一点！然后不断地伸出手……造成恶性循环。这样的过程无法发现内定调节点，也可以说是相当不安定的状态。不过，大量摄取酵素，发现理想调节点的大脑可以对所发生的事保持平静。如果可以冷静地忽略眼前的点心，“反弹”这两个字一定可以从你的字典中消失。

不断地抑制食欲，只会造成饮食过度

我们人类无法像植物一样在体内进行光合作用。这是什么意思呢？因为人为了活下去而所需的营养素，必须借着掠取其他生物的生命来进行摄取。这么一来，“吃→得到营养素”这个式子便浮现在我们的脑海中，不过，你的大脑真的就像这个式子一样吗？事实上，这两者的关系在某个时候是有矛盾的。

不管是在家做饭，还是在外用餐，吃饭的时候，我们都会选择菜色。今天要吃最喜欢的肉类，好好地补充体力，或者是，选择口感清爽的鱼类……那个时候，大脑都是由感情和气氛来作决定的。

不过，与此同时，一部分的大脑也会注意到营养，发出完全不同的指令。这东西脂肪很多千万不能吃，或是这东西对身体不好千万不能吃，大脑会诚实地对你的感情和气氛喊停，告诉你千万不行，不断进行攻击。这个时候开始运作的就是理性。理性是让人类表现得像一个人，顺利过着社会生活所不可或缺的东西。偶尔，它会和这种感情发生冲突，形成压力。

会对想尝试减肥的你形成阻碍的是在你自己心中的纠葛。很不客气地告诉你绝对不行的攻击所造成的伤害，比想象中的来得大。如果压力累积过多，就会擅自移动你的手，让你反弹般地过度进食，严重的时候甚至还会引发疾病。

当然，这样的减肥不可能长期持续，到最后，就会向压力举白旗投降，三天捕鱼两天晒网地终止。

要让减肥计划成功的秘诀就是消除纠葛。而不会造成压力、带有感情和理性的减肥法就是生食酵素减肥法。它可以让我们尽情享用生的食物，还可以得到充分的营养，变得更加健康、苗条。完全找不到会产生压力的要素了。

生食减肥，不必成为素食主义者

一说到生食，比起肉类和鱼类，大家总是会先联想到水果和蔬菜。水果本来就是生吃的，而蔬菜也有色拉这一道强而有力的菜单。不管哪一种都很适合作为展开生食的第一步。

但我认为过生食生活并不是要你变成禁欲的素食主义者。我相信，唯有适度地品尝美味的肉类、鱼类和鸡蛋，才可能变得美丽而健康。

我之所以会这么想，乃是因为严格的饮食限制很可能会增加我们的压力。压力会左右食欲，如果喜欢吃烧肉的人为了变瘦而拒绝所有的肉类的话，会有什么后果呢？为了减肥而特地养成的生食习惯，恐怕会变成引起反效果的过食之导火线。过食是我们所害怕的减肥宿敌，它和反弹是非常要好的朋友，最好是可以避免。

此外，也有一些营养素在没有吃动物性食品的情况下，就容易发生不足。就好比帮助红血球成长的维生素B_{12}。因为植物中没有血液，所以几乎不含维生素B_{12}。也就是说，如果我们只吃植物（水果和蔬菜），体内就无法补充维生素B_{12}，结果，就无法正常地制造红血球，有的时候还会引发贫血。

动物有它们各自应该吃的食物为食性。因为人类属于杂食性，所以最好是可以平均摄取植物性和动物性的食物。

这件事通过牙齿的构造就可以了解。人类像草食性动物一般，有着可以像臼一样磨碎食物的臼齿，也和肉食性动物一样，有着可以撕裂肉类的犬齿（除此之外，也有少数吃坚果类时所使用的啮齿），它们的比例大约是7~8对2~3。也有一种说法是，如果食物的比例也可以依循这个数字的话，就可以取得良好的平衡。我觉得这应该是很自然就可以理解的内容，大家觉得如何呢?

保持适量原则，减肥也能吃巧克力

减肥有各种不同的方法，如不碰油脂，不吃米饭和蛋糕，彻底实行运动计划等。本书中所介绍的生食减肥和上面这些方法有哪些不同呢?

首先，在生食减肥中没有“戒除”、“不吃”等否定的字眼。只要在身体所需的营养范围内尽情享用含有酵素的食物就可以了，所以，非常容易，而且都是正面的、肯定的。

比方说，我会吃蛋糕，并不会忍着不吃。当然，吃太多并不好，不过我真的非常喜欢吃蛋糕。但相对的，吃的时候我会尽量选择放上许多新鲜水果，生食比例较高的蛋糕。一边容许想吃蛋糕的自己得到满足，一边帮食欲和行动做适当的调节。

如果想吃点心的话，或许可以试着这么想——啊，累

这是任何人都可以尝试的，用"缓慢"和"轻松"的心情面对，迎接这一项新的方法。

积了好多压力！然后，不要吃点心，可以试着吃稍微贵一点的巧克力。偶尔，也可以买点东西来犒赏自己。这么一来，就可以感受到挺直腰杆的舒畅感觉。如果可以一粒一粒地慢慢品尝，就会得到不同于以往的满足感，心里也会觉得很舒服，而且，也不会吃过量。和自己达成和解，让欲望往稍微不同的方向前进也无所谓。

绝对不吃甜食！请千万不要有这种荒唐的念头。

生食减肥法

改变了我的人生

无止境地追求瘦，只会让身心更疲惫

一旦尝到变瘦的喜悦，就会开始对体重减轻感到无比开心。而且，还会无法阻挡自己每天一边盯着体重计上的刻度，一边胡乱地向减肥挑战。不吃油炸食品、不吃零食、米饭也只吃半碗……过着平淡无味的生活。

刚开始的时候，会因为“很顺利”而感到非常开心。忍着不吃东西，拼命压抑自己的欲望，应该比高中时代还少了10千克吧。减重确实是成功了，但我发现，体力却也成比例地衰退了，上楼梯的时候觉得很辛苦，跑步就更辛苦了，隔了好久才和朋友打一次排球，却也不像以前那么有活力了……

因为拒绝了吃的乐趣，所以没有任何理由地就拒绝了和好朋友之间的聚餐，而且，也尽量不去动筷子。这么一来，不就连和别人之间的重要沟通也无法进行了吗？

从高中时代开始就相当让我烦恼的异位性皮肤炎也变得越来越严重了。因为那个时候我并不觉得异位性皮肤炎和食物有关，所以，还是照常化妆。可是，虽然精心涂了粉底，但看起来却像是撒了盐巴的马铃薯一般，快乐的校园生活感觉就只是个幻想。

这就是我所掉入的减肥深渊。比起有着马拉多纳体型的时代，不管是身体或心理都相当痛苦。

不过，或许是我身上的某个地方还保留着打排球所锻炼出的坚定毅力。我一定要从这些悲惨的经验中得到一些收获！我打算从事“教导大家在快乐地品尝美食的同时，还可以变得更加美丽的饮食方法”的工作，并且将自己所学习的营养学内容转向最符合自己需要的方向。结果，我更加用心地钻研学校的功课，埋首苦读美国的营养学书籍。而且，从那时开始，我也不断尝试学习制作各种料理。

那段痛苦的经历为现在的我打下了基础。所以，请大家也千万不要放弃。

酵素能帮助排毒，彻底改善异位性皮肤炎

成为我们烦恼根源的异位性皮肤炎病好转这件事，对我来说真的是一件大事。现在就让我来跟大家谈谈事情的经过。

就像前文中所提到的，就在我深切感受到勉强的减肥方式是错误的，开始重新认真地对待——可以开心地品尝美味料理，又可以变得更加美丽的营养学进行思考的时候，我认识了酵素营养学。当我接触到“摄取食物酵素，让身体重新复活”的想法时，我过去对教科书和饮食方法所持的疑问全都烟消云散，整个人恍然大悟。不过，如果要彻底实践其中的内容真的非常困难，因为那全是一些即使连学习营养学的我都无法遵循的内容……

因此，这次我试着摸索“我也可以实行的饮食方法”，展开试验的过程。第一步就从“和妈妈一起每天早上饮用果汁”开始，也就是本书所介绍的早晨食用水果的习惯。我也随时记得要以营养补给品来补充其他容易不足的营养素。为

了让酵素营养学在自己的生活中扎根，我试着有毅力地持续做着做得到的事。结果，我的身体的确发生了巨大的变化。

曾经让我痛苦万分的异位性皮肤炎很神奇地痊愈了。高中时代我总是穿着长袖练习服在温暖如春的体育馆内练习。因为那里充满灰尘，我的脸和身体还发红溃烂，当时我曾经因为痒得受不了而涂了类固醇，有的时候还会痒得睡不着觉。虽然在电车中看到朋友，可是却因为不好意思让别人看到自己的脸，而没有跟人家打招呼，当时，真的觉得非常难过。

现在，我切实地感受到，我之所以不用再在意异位性皮肤炎，乃是因为酵素的力量帮我将多余的东西都排出了体外……我真的打从心底里感谢生食。

对了，还有一点。中学时代一直非常在意、经常请朋友帮我拔掉的白头发也完全不见了。现在的我，拥有一头光泽亮丽的黑发。

早晨的水果 P134中有早晨水果食谱的介绍。

身体自然而然地爱上运动

除了异位性皮肤炎得到改善，我的身体也发生了变化。

最让我惊讶的是，我很自然地养成了跑步的习惯。我并没有告诫自己为了健康就必须运动，原本对田径运动也不怎么擅长，高中时代虽然每天练习排球，不过，对于跑步这项训练内容，我其实是很讨厌的。

但是，事情的发展却出乎我的意料。现在，早晨的时候，我会一边眺望着家四周四季不同的景色，一边慢跑。以距离来说，大约是7~8千米。因为是在没有任何人催促的情况下，很自然地想要跑步，真的是非常不可思议。在慢跑的路程中，有一段是围绕大阪城公园的道路。在樱花盛开的季节，樱花开得十分美艳动人，而在红叶季节，则有着漂亮的银杏。借着维持跑步的习惯，可以空出欣赏自然的时间，这也是令人十分开心的事情。

即使到外地出差，只要时间允许，我都会让脚部活动一下。在突然想跑步的时候，我会向住宿的饭店借鞋子，或是借用自行车来享受骑乘铁马的乐趣。总之，身体很自然地开始动了起来，我的脚力也变得更好了。

而且，以前所依赖的按摩和针灸疗法，后来也不再去了，严重的肩膀酸痛也自然消失了，我发现我的身体再也不需要医师了。

唯一会让身体感到吃力的情形，大概就只有饮酒过量时的隔天早上的状况。

越是讨厌运动的人，就越会对自己的变化感到惊讶。

生食生活，改善了长年失眠与忧郁

我在前面的文章已经说过生食所造成的身体变化。

如果身体可以变得更加健康，就等于心情也会变得元气满满。我的情况就是如此。心情应该也想要传达出非常安定的状态。现在，不管什么时候我都可以抬头挺胸，不管发生任何事，都尽管放马过来！我是一名不会担心忧愁的女强人。

小学时代，我是一个浅眠的孩子。和家人一起吃过饭、洗完澡、连功课都做完之后，甚至跟大家道过晚安，钻进被里，到了半夜三四点，还是睡不着。就算是闭着眼睛，头脑还是非常清醒的。我记得在当时，为了不让父母亲担心，我经常假装自己已经睡着了，我想那应该是失眠症吧。

高中时代的排球集训也是如此。因为白天一直在练习排球，身体应该相当疲倦，但我却还是睡不着。如果是三天的集训，三个晚上都是如此。当我听到朋友们很舒服地发出睡眠时的呼吸时，我就更加焦虑。

这个问题现在如何呢？不管到哪里去，只要3秒我就可以睡着！就算超过3秒，只要过了30分钟，我就可以进入熟睡状态。即使换了枕头，还可以保持一样的心理状态，绝对不会有任何动摇。

最近几年，开始有人主张身体思维是很重要的，这一点我真的深有同感。如果生食真的可以让睡眠安定，并为我们引导乐观开朗的心情，我想大家应该都会开始实行吧。

不只变得容易入睡，还可以睡得很熟。当然，也可以消除身体的疲倦，隔天醒来的时候感觉非常舒畅。

每天早上吃水果，一年成功减重10kg

成功案例一

友人T先生，46岁的男性。身高1.76m，在一年之前他的体重是83kg。一如从这个数字所能想象到的，他的饮食生活相当的丰富、美味，因为他非常、非常喜欢喝酒，所以也喝得非常多！虽然精神不错，但事实上，也有人担心他这样会不会罹患目前广受众人讨论的代谢症候群？

于是他开始将生食列入饮食生活中。

早餐：由水果、醋、蕃茄汁混合而成的果汁，加上含有着丰富蛋白质汤料的味噌汤。

午餐：大多情况以外食为主。

晚餐：在家里吃或者工作上的聚餐。

在含酒精饮料上没有任何限制，聚餐的时候他依然会喝酒，而且也不运动。不过，星期天时他会彻底遵守以果汁+味噌汤或水果来同时解决早餐和午餐的原则。

坚持了一年之后，体重减少了11kg！尿酸值从8.0改善为6.7。

不只不容易感冒，他也因为以前的西装变得松松垮垮，没有办法再继续穿而发出开心的欢呼声。同时，他也恢复了原有的体力，上楼梯时可以很轻松地爬上去。在职场上，他那清瘦的身材也强烈吸引着同事的目光。

成功案例二

另一位38岁的男性友人J先生也借着以下的菜单瘦身成功。

早餐：蜜枣（prune）果汁、水果、纳豆（很好的蛋白质来源）。

午餐：外食。大部分都是吃荞麦面。

晚餐：生鱼片＋大量色拉为固定的菜单、一点点的米饭。

最初的3个月，晚上时还会慢跑，不过，因为在途中常常受到警察的例行询问（可能是因为他看起来很可疑吧），所以很快就放弃了。在那之后，他把所有的注意力都放在饮食上，半年之后，原本84.8kg的体重降为73.4kg，体脂肪率也从24％减为18％。偏高的眼压恢复正常，腰痛也彻底痊愈，甚至还能套下之前穿不下的学生时代的牛仔裤，真的是太厉害了。

生食风潮，迅速在全球漫延

在美国，不分男女，包括演员、音乐家、模特等众多名人都正在实践生食。

特别是借着生食而减轻7kg的女演员黛咪·摩尔（Demi Moore）更是以狂热的生食拥护者而闻名。据说她的朋友唐娜·凯伦（Donna Karan）也成功地瘦了18kg。因为生食可以促进身体的新陈代谢，与最近相当受欢迎的以瑜珈来进行体内清洁的概念十分契合。生食被视为身体改造（Body Making）的先驱，十分受到瞩目。除此之外，还有史汀（Sting）、麦特·迪伦（Matt Dillon）、丽芙泰勒（Liv-Tyler）等人，都是相当出色耀眼的人士。

纽约时报等媒体将生食当做最先进的饮食生活趋势来加以介绍，而在纽约与加州，生食的专门餐厅也相继登场，引起众人的热烈讨论。

生食同时也出版了食谱。比方说，在LA素食料理主厨朱利安诺·博德曼（Juliano Brotman）所著的《RAW/The Uncook Book》中，就刊载了许多从比萨到布丁等一律不加热的新鲜食谱，更是加速了这个热潮的发展。

生食也可写成“Live food”，就是“天然的活食物”的意思。这是因为它在从充满生命力的食物当中得到自然的能量，这种心灵层面也受到了支持。

生食法，是最容易执行与维持的减肥法

自从开始吃生食之后，已经过了5年。经历了这5年的我可以带着自信告诉大家——这种饮食方法比任何方法都更容易坚持。即使是忙碌的早上，若是水果，只要剥了皮就可以吃了，也不用费事地计算热量，这些我之前都已经说过了。过去我虽然尝试过各种不同的饮食方式，不过，这个方法是我第一次从心底觉得“我也办得到！”“可以坚持下去”！不，老实说应该是“已经无法停止了”！

我最喜欢的生食就是苹果。一天一定要吃上一个。♥ 在家的时候，它已经成了我的点心。家里随时都有苹果，应该说，一旦没有苹果，我就会心神不宁。

我的生食比例大概是50%。早上我一定会吃水果。在家的时候，午餐也会吃水果或鳄梨色拉。如果肚子还会饿，我通常都会吃含有杂谷的米饭加上纳豆，以及有着许多汤料的味噌汤。

相对的，晚餐我就会随意吃，当然也会外食。就算是宴会，我也会开心地参加。其实，稍加注意就会发现有生食色拉的餐厅出乎意外得多，一般日本料理店有综合生鱼片、小鱼干萝卜泥、山芋切片、牛肉薄片等。也有店家会以新鲜的柳橙汁或葡萄柚汁来制作调酒，令人十分开心。在家里喝酒的时候，可以参考一下外面生食店家的制作方法。最近，我则开始注意起外食料理的火候。

以鱼类来说，要看鱼烤好之后，鱼皮是否酥脆、鱼肉是否软嫩多汁。肉类料理的话，就要看它是否加热过度，让肉变得干巴巴的。就连蔬菜也要看它是否还带有咬感，适当的火候炒出来的蔬菜是脆脆的。功夫好的料理人就算不懂生食，对火候的运用也相当细腻。因此，比起杂志上所介绍的引起众人讨论、有着美好气氛的店家，我还比较喜欢有着会用心帮我制作料理的主厨店家。

生食生活，让我发现不同的自己

现在，我发现自己已经比以前更能善加保持和自己的距离。也就是说，我可以客观地看待自己，可以拥有另一个自己。

“另一个自己的存在”这件事非常重要。一定要有另一个自己的存在，才能完全接受自己。只要是人就一定会有优点，也会有缺点，我觉得唯有可以冷静地仔细观察这两者，才可以变得美丽又健康。

如果拥有可以仔细观察的眼睛，就等于学会了设计出理想的感觉。生食减肥并不是单单只为了瘦身的现实行为。我觉得，那是一边和另一个自己进行对话，一边创造出真正适合自己的体型与真正适合自己的生活之工程。

Part 2

体内酵素大革命，

打造无毒的健康体质！

体内循环时间表

摄取、同化、排泄，体内循环的三大时间

为了变得更加美丽和健康，我们必须注意的就是——身体的循环。

可能很多人都不知道，人类的身体每24小时就会重复进行一次摄取、同化、排泄。如果可以将饮食并入这个自然的流程，善加控制体内的时间，就可以让生食中所含有的酵素变得更加有力。

早上4点到正午，是身体的排泄时间，这时的身体会将老废物质和从饮食中摄取的废物排出体外，进行运作。也就是说，上午的时间应该是要用来促进排泄这个动作，而非营养摄取。这么一来，多余的东西就不会积存在体内。也就是说，可以帮助我们减肥。

这样的话，早餐就变得非常重要。生的食物，特别是水

果，含有丰富的酵素，因为酵素对于将老废物质排出体外有着极大的贡献，所以，减肥的时候就算吃了水果也不会造成什么损失。

你的身体符合这样的循环吗？

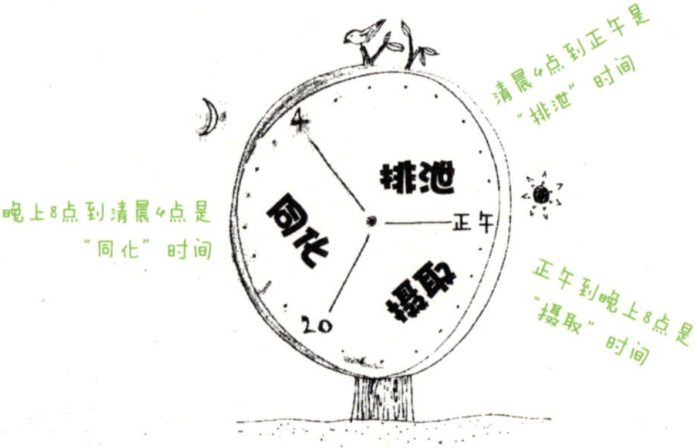

体内循环是人类所拥有的自然循环。
如果可以遵循这样的循环来摄取饮食，
就可以维持健康，不会发胖。

从正午到晚上8点，身体是为了摄取，也就是借着饮食所摄取的营养素而运作。事实上，一天之内，人类此时使用在工作或运动上的时间最多，所以，必须靠着饮食来摄取所需要的能量。

晚上8点到隔天早上4点是将营养素变成材料，借以维持身体运作的同化时间。所以，在很晚的时间进食会发胖，食物的能量很容易就会全部被囤积起来。

早餐是排泄时间，多摄取助排便的水果

从清晨4点到正午为止的8个小时，身体会将从前一天吃下的食物中所摄取到的多余物质以及维系生命所不需要的老废物质排出体外。

对于如此运作的身体，我们该怎么样做才能配合它的需求？

首先，要重新检讨过去所抱持的“早餐要吃得很丰盛”这个想法。

对正在进行排泄的身体来说，摄取大量甜食和蛋白质将会得到相反的效果。如果在这个时间摄取过多的能量，对身体来说只是多余的负担，违反自然规律。不只如此，身体中应该还留存着昨天晚上所积蓄的能量，应该将它们全部用尽。

话虽如此，人类也是在这个时间段展开工作等实际活动的，适当的营养补给是必须的。于是，在这个时间，就是水果上场的时候了。恰到好处的果糖在短时间之内就可以被燃烧，可以为你的一天揭开序幕。因为脂肪很少，即使吃得再多也不会对身体造成太大的负担。

此外，水果中含有丰富的酵素、维生素、矿物质等营养素。酵素可以提高身体的排泄机能，另外，食物纤维也不能错过，据说，许多女性之所以会有便秘的问题，乃是因为她们的肌肉量比较少，所以，将老废物质排出体外的力量比男性来得差，而可以帮我们补足力气的就是酵素和食物纤维。请记得每日的排泄就像把垃圾丢掉的动作一样。

在排泄时间，含有丰富酵素和食物纤维的果汁具有非常好的效果。

在增加粪便体积的同时，肠道也会受到刺激，肌肉进行运动之后，粪便就会比较容易排出。

午餐多吃米饭，以补充能量

从正午到晚上8点是“摄取时间”，顾名思义，就是用来摄取营养素的时间。

因此，最好可以大量摄取碳水化合物（糖类）、蛋白质、维生素、矿物质等营养素。

正午到晚上8点，通常是一天当中活动量最大的时段，所以所摄取的饮食，最好能以马上就会变成下午能量来源的米饭或面类等碳水化合物为主。

而且，如果可以搭配生菜色拉、凉拌菜、醋拌凉菜等副菜，并随时记得酵素的补给，那就太完美了。不会造成消化负担的纳豆和味噌汤也很不错。如果要吃意大利面，请选择如全麦粉意大利面，并且搭配蕃茄酱汁的能量较高，而且又有着大量蔬菜的高营养菜色。

没有时间自己下厨的人，如果要在外面购买小菜（最好是考虑生食比例来进行挑选），建议你不妨随手带个杂谷米饭团到公司去。然后，在用餐前撒上自备的芝麻和海带香松即可。只要这么做，就可以大幅度改善营养素的不均衡。

应该有很多人在午餐时会选择鱼类或肉类，如果想吃的话，只要吃一点点就好。因为蛋白质无法囤积在体内。就算吃得再多，也有无法分解成氨基酸的部分，在几个小时之后，就会变成尿液排出体外。没错，身体并不会保存蛋白质。

纳豆

因为以大豆为原料的纳豆是植物性蛋白质，就算和糖类一起摄取，对身体的负担也很小。

为了应付下午的工作，午餐最好要充分摄取与能量直接相关的米饭、意大利面和其他面类等碳水化合物，为身体补充满满的活力。

晚餐请在8点以前完成，并以鱼肉为主

中餐和晚餐即使同样是落在正午到晚间8点的摄取时间内，但白天和晚上的饮食目的是不同的。

如果说白天是为了活动而摄取能量，那么晚上则是为了对舒缓活动了一天的疲倦身体进行修复而摄取营养素。

夜晚，在入睡之后，体内会分泌大量成长荷尔蒙。这是为了修复或合成疲劳的肌肉，以及制造坚固的骨骼所不可或缺的重要物质。♥

大部分的人都以为身体是通过每天的活动和运动制造出来的，但事实并非如此。运动只是单纯的肌肉刺激，唯有借着成长荷尔蒙的力量将受到刺激的肌肉进行修复，才可能变得坚固。♥

而且，这种成长荷尔蒙的分泌和蛋白质有着相当密切的关系。

不过，就像之前说过的，蛋白质没有办法累积在体内。

不管当天早上和中午摄取了多少蛋白质，在晚上时就会完全被排泄掉。所以，必须重新补给。之所以会建议大家在晚餐时食用肉类和鱼类就是这个原因。

本书中也介绍了适合晚餐这段摄取时间的肉类及鱼类生食食谱。但是，不太敢生吃肉类或鱼类的人也不要放弃。像是烤过的半熟牛排、将3片迭在一起的莴笋叶卷烧肉等，有许多美味的吃法都可以保留酵素。

为了补充睡眠时间大量分泌的成长荷尔蒙，晚餐时必须摄取蛋白质。

请重新看待食用生鱼片和薄肉片的好处.

鱼类和肉类食谱

肉类和鱼类的生食食谱将于P164介绍。

晚上8点到清晨4点进食，将会导致代谢症候群

晚上8点以后是“同化时间”。因为身体会利用所吸收的营养来修复细胞，所以，基本上在这个时间段最好不要大量进食。不过，有的时候，会因为和朋友聚餐或者是工作上的缘故而无法做到这一点。

如果在晚上很晚的时候吃晚餐，很容易就会选择面饭类等以糖类为主的食物，不过，用餐前请且慢，同化时间是身体利用食物营养的时间，即使补充能量来源，也无法作为活动使用，这时，营养就会直接前往脂肪的储藏库。

脂肪就像储蓄一样，身体随时都会想要进行储存，只要有了储蓄就会变得很开心，它们有着“一旦储存起来就不容易放手”这种棘手的特质，这是动物陷入饥饿状态时藉以勉强维生的能力。身体想要完成生存的准备状态，特别是女性为了生产，会出于本能地保护自己，想要囤积脂肪，所

以，深夜时最好不要选择糖类食物。如果要配合身体的循环，最好是可以吃少量的蛋白质（请参考上一篇），因为它会促进成长荷尔蒙的运作。

最后，如果要遵循体内循环，最好不要省略任何一餐。事实上，根据数据显示，一天吃两餐的人比一天吃三餐的人容易发胖。♥ 如果单就热量来考虑，会认为两餐是比较不容易发胖的，不过，如果因为少吃餐饭而导致身体无法适当摄取能量，身体就会察觉自己已经进入饥饿状态，进而将代谢切换成节能状态。这么一来，当下次再进食的时候，为了尽量补充多一点的能源，脂肪就会不断进行囤积。

因此，少量多餐也是无法减少脂肪的。就算一天的所摄取的总热量很低，如果一点一滴地摄取糖类，摄取的时候脂肪就会停止燃烧，无法减肥。

糖类、蛋白质分开摄取，就能促使消化顺畅

了解3个体内循环之后，还有一个重点，那就是我们还必须知道糖类和蛋白质必须分开进食。为什么分开来吃比较好呢？那是因为在它们消化的时候，所需要的酵素种类是不同的。

糖类，借着唾液中的酵素——淀粉酶被消化了一部分，在胃中停止活动。到了小肠又再度被消化成葡萄糖，并被吸收。另一方面，蛋白质一开始是被所谓分泌的酵素——果胶所消化，接着，又被十二指肠中的各种酵素分解成氨基酸。

就像这样，因为工作的场所不同，消化酵素工作时最适当的pH值也不一样。胃被分泌出的果胶在强酸之下工作，十二指肠所分泌的淀粉酶和胰蛋白酶等则是在弱碱性下工作。

也就是说，如果将糖类和蛋白质同时吃下，性质不同的消化酵素必须一起进行不同的活动，对胃和小肠的消化来说

是极大的负担。

但是，如果将糖类和蛋白质分开进食，消化就会变得非常顺畅。它们会被快速地分别运送到适合被消化的场所，对分泌消化酵素给胃肠和小肠的胰脏来说，不会造成负担，可以将营养素进行有效地吸收。

不过，想要彻底实践这种方法是一件极为困难的事，而且必须舍弃很多料理。像是在米饭上放着鱼片的寿司、火锅后的杂烩粥，都是糖类和蛋白质一起入口。可是，这些东西都很好吃，如果不能吃的话，实在是很可惜。

因此，我决定不要那么严格，尽量不要造成自己饮食上的压力。享用寿司的时候什么都不要想，快乐地享用，不过，取而代之的是，隔天早餐和午餐就只吃水果，补充酵素，让肠胃休息。可以像这样配合当时的身体状况和心情来进行调配，也是生食的好处。

酵素活动　各种酵素活动的场所于P82进行说明。

消化酵素、代谢酵素、食物酵素，

体内的三大酵素

三种酵素，决定你的美丽与健康

从现在开始，我们要针对掌握人类美丽和健康的关键酵素，做更进一步的研究。

为了理解酵素的实力，首先要知道它的三种运作方式。

人类体内所制造的酵素，就目前所知道的就已经多达3000种以上。因为它们的运作方式不同，我们可以依照这些酵素在运作方式上的差异，大致将它们分为消化酵素和代谢酵素。

消化酵素应该很容易理解吧。吃过饭后由脏器分泌，分解食物的营养素，将它们转化成比较容易让身体吸收的形式。

那么，代谢酵素呢？

这是身体要利用被消化酵素分解的营养素时所需要的物质。事实上，代谢酵素非常重要，新陈代谢和能量代谢以及将体内的废物排出都需要代谢酵素。简单来说，醒着的时候、睡觉的时候，不管做什么事，身体的所有细胞都会使用代谢酵素。它的运作方式非常特别，我们的生命就是借着它的力量而构成的。

第三种则是蔬菜、水果、鱼类、肉类等生食中所含有的食物酵素。如果吃了含有食物酵素的生东西，通过食物酵素的运作，吃下去的东西就可以更顺畅地消化。如果可以借着饮食来补充食物酵素，体内消化酵素的分泌就可以控制在最低限度，对代谢酵素也有好的影响。

消化酵素

吃过饭后就会被分泌出来，可以分解营养素。包括分解淀粉的淀粉酶、分解蛋白质的蛋白酶（Protease）等。

代谢酵素

将糖类转化成能量、脂肪的燃烧、细胞的新陈代谢和老废物质的排泄等，身体所有的活动都需要这种酵素。

食物酵素

肉类、鱼类、蔬菜、水果等，所有生的食物原本都含有食物酵素。将它们摄取至体内之后，可以促进体内的消化。

当体内酵素用尽，生命也将随之结束

酵素的存在从18世纪开始就得到认同。但是，世人一直到20世纪之后才了解它的重要性。我们知道，不管摄取多少蛋白质（酵素的成分为蛋白质），在人一生当中，体内所制造出的酵素总量是固定的！

“身体无法没有限量地制造酵素”这件事，就代表“当酵素用完时，生命就结束了”。酵素的重要性之所以会突然特别地受到关注，就是因为有着这样的背景因素。即使是现在，著名的学者们依然在热烈讨论酵素的数量和生命的关系。

那么，要怎么样才可以有效利用有限的酵素呢？答案就在体内的消化酵素和代谢酵素的关系中。

消化酵素是体内最先进行酵素运作的一种。只要食物一进入体内，为了维持自己的身体，它们会争先恐后地开始进行消化。吃下的量越多，当然就会使用掉越多的酵素。

另一方面，代谢酵素又是如何呢？

消化酵素越是在器官中为了消化而努力，越是展现自己的威力，代谢酵素的数量就好像势力遭到抑制一般，不断减少。消化酵素和代谢酵素的力量关系，永远都像翘翘板一样此消彼长，影响着彼此的数量。

代谢酵素是与人类生命活动直接相关的重要酵素。不管是睡眠中还是清醒时都需要它，它直接关系到我们的生命。体内的酵素越多，人们就会变得越健康美丽，不过，如果一味受到消化酵素的压抑该怎么办呢？有没有尽量节省消化酵素，将多出来的分给代谢酵素的方法呢？

事实上，两者的关系与食物酵素有关。如果可以将生食中所含有的食物酵素补充到体内，有限的消化酵素和代谢酵素的总量就会增加。在下面，我将针对食物酵素进行更详细的说明。

补充食物酵素，就可以增加代谢酵素

前面已经提过，所谓食物酵素指的是水果、蔬菜、肉类、鱼类等所有生食中所含有的酵素。它的功能在于进入体内，帮助消化酵素在胃里消化食物。

这么一来，有了食物酵素帮忙进行消化，体内的消化酵素只要分泌最低限度的数量即可。因为体内所制造的酵素总量是一定的，所以，如果消化酵素的数量减少了，代谢酵素的数量就会增加。

代谢酵素可以维持我们的生命活动。就像之前介绍的，它可以帮助能量代谢、肌肉和肌细胞重生、老废物质的排出以及荷尔蒙平衡的调整。因此，体内所分泌出的酵素越多，身体就越开心。对我们而言，代谢酵素就宛如救命绳一般。

而且，坚毅的代谢酵素的来源就是食物酵素。因为肉眼看不见，所以很难真实感受到，但事实上，我们每天都是因为受到这三种酵素不断循环的保护而得以生存。就因为如此，生食这种饮食方法才会这么深奥。

以下是几种平常给我们许多帮助的食物酵素。大家不妨了解一下哪些食物中含有这些酵素，它们又有着什么样的功能。

首先是分解淀粉的淀粉酶，白萝卜中含量相当丰富。分解蛋白质的食物酵素非常多，含硫蛋白分解酶（Actinidin）（奇异果）、木瓜蛋白酶（Papain）（木瓜）、菠萝酵素（Bromelain）（菠萝）、无花果酵素（Ficin）（无花果）等，总称蛋白酶。除此之外，香蕉中也含有分解蔗糖的蔗糖酵素（Sucrase），具有抗癌效果的萝卜硫素（Sulforaphane）则存在于绿色西兰花中。

代谢酵素不足，就会变成易胖体质

请参见下一页的图。你认为左边的妇人的体型为什么会这么丰满呢？简单来说，就是因为代谢不良。因为平常的饮食方式，不仅热量摄取不平衡，也较常吃加热过的食品，也就是生食的摄取较少，所以，被消化酵素耗费了许多能量，代谢酵素的量也因而变少，使身体的代谢率降低而增胖。

右边的女性则完全相反。因为她借着生食补充食物酵素，酵素的总量很多！而且，因为食物酵素也会帮忙消化食物，消化酵素的分泌量就比较少！这么一来，便有很多可以顺畅燃烧能量的代谢酵素可以使用，身体因生食而使代谢率提高，身材也可以变得苗条。

你是属于哪一种体质呢？

可以借着生食来减肥的原因，关键就在 酵素 。

● 体内可以制造的酵素总量
★ 为了消化食物所需要的酵素数量
* 从生食中所摄取的食物酵素数量

总是吃加热过的食物的人，为了消化食物，必须大量使用体内的消化酵素。如果使用了消化酵素，代谢酵素就会相对地减少，进而变成代谢不良的体质，也就是易胖体质。

因为消化酵素使用过多，代谢酵素就会难以运作。

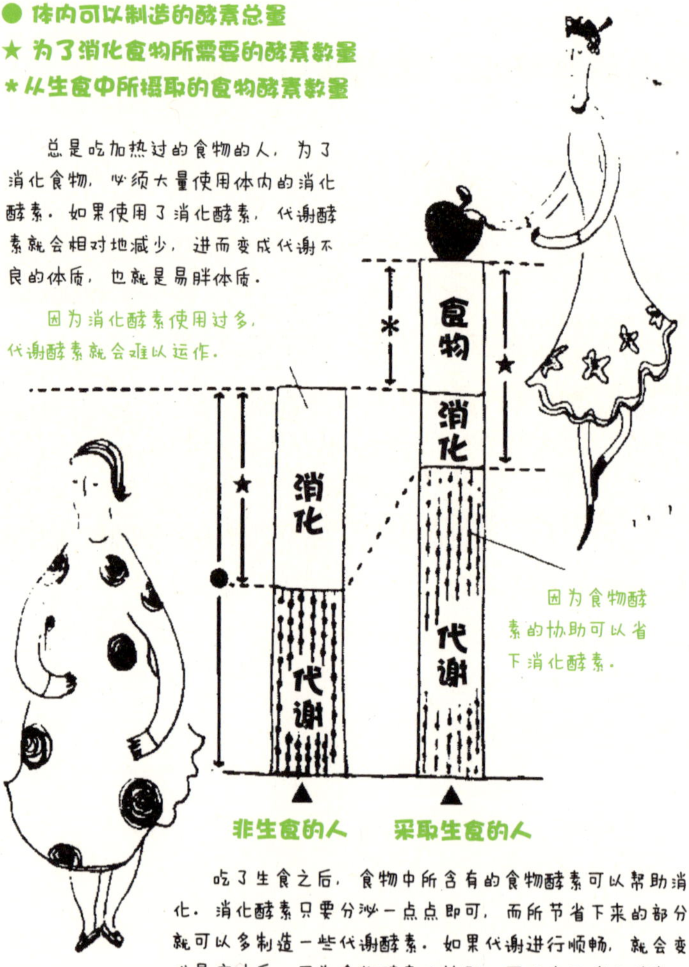

因为食物酵素的协助可以省下消化酵素。

非生食的人　　采取生食的人

吃了生食之后，食物中所含有的食物酵素可以帮助消化。消化酵素只要分泌一点点即可，而所节省下来的部分就可以多制造一些代谢酵素。如果代谢进行顺畅，就会变成易瘦体质。因为食物酵素的协助，可以省下消化酵素。

消化酵素

负责分解食物

酵素只能在特定的地方发挥作用

在酵素当中，最早开始运作的便是消化酵素，当有食物进入体内之后，各个器官马上就会分泌消化酵素，展开消化工作。

有趣的是，随着食物营养的不同，分泌的场所和种类也会有所改变。酵素只在适当的地方才会产生适当的作用。

比方说，午餐时吃了猪排饭。肉的蛋白质会在胃中被一种名为胃蛋白酶的消化酵素分解。但是，脂肪则是在十二指肠被解脂酵素（Lipase）所分解。猪排饭这道料理在体内宛如被消化酵素引导一般，依照营样素的不同而分离。

如果到了晚上肚子还是觉得沉甸甸的，那就是胃为了消化肉类的蛋白质，花了比预期还要多的时间。此外，脂肪在被运送到十二指肠之前，会和蛋白质一起停留在胃里面。如果脂肪花了很多时间才到十二指肠，就会对身体造成负担。因此想减肥时，最好是可以使用含有丰富油酸（Olein acid）的橄榄油，对身体健康会产生有益影响。♥

还有一点，生食有着自我消化的能力。香蕉在常温状态会变甜，肉的熟成等都可以证明这一点。因为吃的是自己已经开始进行消化的食物，所以，生食也可以节省从胃或胰脏分泌的体内消化酵素。♥

消化酵素的种类和运作场所（标）

酵素的运作场所 / 营养素	口腔（唾液）	胃（胃液）	十二指肠（胰液）	小肠（肠液）	
糖类	淀粉酶		淀粉酶	麦芽糖酵素（Maltase）蔗糖酵素（Sucrase）乳糖酵素（Lactase）	→将乳糖（Lactose）分解成葡萄糖和果糖
蛋白质		胃蛋白酶	胰蛋白酶（Trypsin）糜蛋白酶（Chymotrypsin）		→分解成氨基酸
脂肪			解脂酵素		→分解成脂肪酸、甘油单酯（Monoglyceride）、甘油（Glycerol）

引用自《改订营养生理概论》（速水决著，2004年光生馆发行）

消化食物所需要的力量超乎大家的想象

我曾经从早到晚一整天都只接触水果。将菠萝切片、奇异果削皮，不断重复做着这些工作，当所有的工作都结束之后，我看了看自己的手，感到非常惊讶！指尖的薄皮卷了起来，手指变得相当黏滑，连指纹都不见了。

这是水果本身的食物酵素所造成的。虽然我的脑袋知道水果有着多么丰富的酵素，不过，当我以自己的手实际体验过后，我再次深刻了解到酵素的力量。人体内的消化酵素为了每天的消化工作所耗费的能量，一定比我想象的来得多。

请大家参见下页的图表便可以了解。上面所显示的是食物停留在胃里的时间，是不是很长呢?

食物并不会自然地在体内变成能量。虽然我们眼睛看不见，不过，请大家想象一下消化酵素们默默为我们工作的模样。如果大家想象得到，就不会浪费消化酵素了。

我们也可以从热量的角度来说明消化所需要的能量。

如果是蛋白质，食物本身所拥有热量的2～3成必须使用在消化上，吃过米饭之后身体会变得温暖也是因为这个原因。因为消化酵素拼命地使用能量，不断地工作着。

食物在胃中停留的时间（各100g）

食物群	食物	时间
蛋白质或脂肪	牛肉（煮） 天妇罗炸虾 牛排	2小时45分 4小时 4小时15分
糖类	白米 面包 地瓜	2小时15分 2小时45分 3小时
水果或蔬菜	苹果 小黄瓜 豌豆（煮）	1小时45分 2小时30分 3小时

引用自《改订营养生理概论》（速水决著，2004年光生馆发行）

酵素，是维持身体健康的幕后大功臣

消化酵素的任务就是分解食物。为了让营养变得容易吸收而将食物细细弄碎。然后，如接力赛跑者般接手工作的就是代谢酵素。为了让被分解的营养素可以在体内进行最佳运作，在好的时机将营养素引导到各个场所。“引导”这个字眼，或许还不足以说明，应该说是带着营养素有活力地到处活动。很遗憾，我们没有办法以视觉来确认这件事。

让我们试着以“体内循环时间表”来重新检视代谢酵素的厉害之处。在排泄时间（清晨4点到正午），当然会帮助我们排泄。不只可以消除便秘，因为它们对多余水分的排出也非常有帮助，所以可以消除水肿，促进发汗。

摄取时间（正午到晚上8点）又是如何呢？人类在这段时间会更活泼地活动。经常动脑、工作、做家事，进行各种肌肉运动，不过，不管从事多么轻微的活动，都需要酵素帮助代谢。比方说，就算只是默默地坐着，还是需要维持姿势的力量，这种力量也是要通过酵素的作用才能进行。

那么，在我们睡眠时的同化时间（晚上8点到清晨4点）就不需要酵素了，对吗？没这回事。不管是恢复疲劳或是修复昨天过度使用的肌肉、维持呼吸、体温、调整荷尔蒙都必须有酵素的参与才能够进行。

所以，虽然眼睛看不见酵素的作用，但酵素可是一直在你的体内持续工作哦！

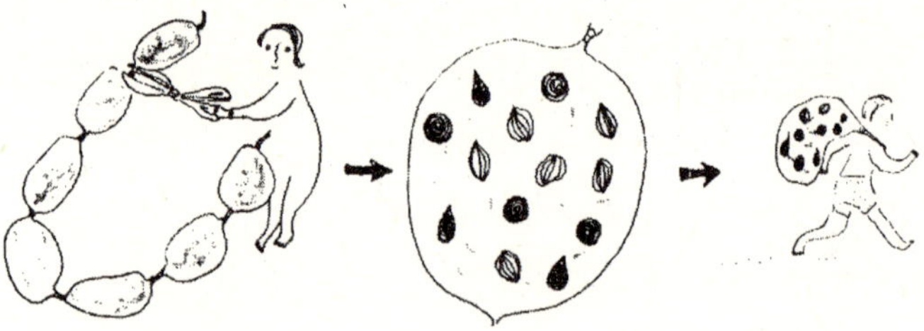

消化酵素　　营养酵素　　代谢酵素

消化酵素可以让食物变得细碎，进行营养素的交接。代谢酵素会带着这些营养素巡回身体的各个角落。到处巡回的代谢酵素本身就是生命力！

代谢酵素

负责将营养素
引导到各部位运用

借着代谢酵素，重新唤起味觉

近年来，因为食物来源质量易有农药或化学物质的污染，加上食物供货商为了符合食品卫生法规，可能都会过度烹调，因此，在我们吃到的食物中，里面含的食物酵素大多数都被破坏，而且这种比例是愈来愈多。

不管在哪一个城市都很容易买到便当，但大家必须知道，便当中的小菜多半是加热过的东西，而且，为了怕食物腐坏，还使用了添加剂。有的时候，还会加入过多的盐分和糖分，以延长保存期限。

这种状况，以食育（饮食教育）的观点来看并不是太好。

以人类的味觉习性来说，总是会觉得糖分较多的东西是美味的。而且甚至连小婴儿也知道甜和咸这两种味道，所以吃了之后，不管谁都会喜欢。但是，如果只吃自己喜欢的东西，就可能会远离其他的味道。如果孩子喜欢，父母一味地供给他们所喜欢的味道，结果，他们对微妙的酸味和苦味就会开始产生抗拒。

酸味和苦味对人类来说十分重要。酸味具有分辨食物是否腐坏的能力，苦味则是身体用来判断毒物的基准。这些真的是原始的能力，这些原始的味觉只能从每天的生活中来培养，多吃自然的食物，就能重新唤起味觉，希望大家可以凭着酵素的力量让味觉细胞重新苏醒，对它们施以发现食物原味的训练。

我觉得现在医院所提供的伙食也相当令人难过。营养师为了预防食物中毒，必须指导烹调的厨师，所提供的料理都要加热1分钟以上，并将中心温度提升到75℃。消化机能变差以及无法自行咀嚼的病人最好吃加热过后并予以捣碎的料理。但是，加热过后的软烂醋腌黄瓜和煮烂了的卷心菜怎么可能会好吃呢?

医院伙食本来是为了要让身体所拥有的机能重新恢复，可是，因为所有的东西都加热过度，破坏了珍贵的酵素，实在有点可惜。

代谢酵素，具有解毒的功能

“要吃饭，才会有营养”，这是我母亲经常挂在嘴边的话。我想，即使没有和母亲同住的人，只要打了通电话，就会听到相同的台词。请大家仔细想一想，母亲们当然是为了我们的身体着想才会说这些话，可是，过去和现在的情况并不相同。现代的饮食背景已经和大家所认为的“只要摄取营养，就会健康”的时代不一样了。

在超市的架子上，随时都排满了各种食品，甚至可以找到全世界的食物。这件事虽然很令人开心，但事实上，农药、添加物和戴奥辛（二噁英，Dioxin）等物质也被运送过来了。

上面所提到的全部都是对身体有害的物质。因此，在摄取食物的同时，我们也必须努力排出这些东西。如果把吃东西当做加法，排除多余的物质就是减法。加法和减法同时进行．才可算是追求美丽与健康的正确方法。

最近，经常听到“排毒（Detox）”这个词。它指的是将堆积在体内的有害物质排出体外，而代谢酵素也会将它的无限力量发挥在这种排出作业上。

酵素会自动安排出优先级来进行运作。就像之前所说的，最先开始运作的是消化酵素，第二个运作的就是为了解毒的代谢酵素。因为身体感受到生命的危机，所以接下来就想进行解毒的工作。

维生素C和矿物质也具有解毒的功能，而让这些物质有效率运作也是代谢酵素的任务。

肠道的健康非常重要，它关系到过敏的预防，同时也会帮我们减少吸着致癌物质的坏菌。请让代谢酵素帮我们进行肠道大扫除吧！

代谢酵素可以有效预防疾病

代谢酵素也会帮我们促进排泄。例如，许多女性都有的便秘问题，只要从新鲜水果等生食中摄取大量的食物酵素，增加代谢酵素的数量，就可以得到解决。

代谢酵素对肠道还有其他贡献。
代谢酵素对于一些过敏症状的缓和，也相当有效。我罹患多年的异位性皮肤炎便得到了改善。

所谓过敏指的是身体所摄取的蛋白质没有被分解成氨基酸，就被肠道吸收，这些蛋白质被吸收了之后，便被视为异物——过敏原（allergen），受到身体所拥有的免疫力的攻击，这就是所谓的过敏反应。

特别是食物过敏，只要一旦开始，身体的免疫力就会变得过敏。对过去所接受的食物都会作出极大的反应，自己招来新的症状。连体质都一起发生变化，陷入过敏的螺旋状态。

大家不妨尝试以生食来进行肠胃大扫除，进而达到减少过敏发生的概率。比如说水果和蔬菜，除了食物酵素之外也含有丰富的维生素和食物纤维。如果可以在被肠道吸收之前，将没有分解的蛋白质排出体外，就可以形成过敏的防御。

代谢酵素，拥有美肌、抗老化的能力

代谢酵素可以帮我们解毒、消除便秘，并缓和过敏症状，在各种时候都可以助我们一臂之力。对身体而言，这些都是将多余的物质排出体外的力量，同时它也适用于美肌和抗老上。

大家知道皮肤细胞新陈代谢的周期吗？

在20多岁的时候，皮肤以20天为一个周期，进行新旧更替，不过，随着年龄的增长，肌肤也会逐渐老化。到了30多岁时大约以40天为一周期，40多岁时则是55天。就像我们肉眼所看到的，更新的速度变慢了。有时我们也会因为轻微的擦伤变得难以痊愈，而感受到年龄的增长。

而且，随着新陈代谢的衰退，也会变得无法去除肌肤的老废物质，或是保护皮肤免受紫外线的不良影响。结果，便出现了暗沉、皱纹、斑点等老化现象。

我们也可以前往护肤沙龙或是使用化妆品来达到美化肌肤的目的。不过，从根本上看，如果代谢酵素不运作，不管在肌肤上补充了多少高级的营养品，都没有办法发挥作用。

维持美丽肌肤的基础，就是让代谢酵素进行最有效率的运作。从生食中大量摄取酵素，促进肌肤新陈代谢，就是回到自己原有肤质的第一步。

事实上，代谢酵素不足也是每一天微微感受到疲劳的原因之一。因为食物的消化活动先把酵素全部用掉，疲劳物质无法进一步被代谢而排出，以致缺乏能量。不过，因为这些慢性症状和过劳、压力等各种疾病症状相互重迭，所以自己很难发现背后隐藏着代谢酵素不足的问题。

大家都说，如果要缓解疲劳就要补给营养，不过，就算热量很高，如果光吃一些加热过的食物，就只会降低消化酵素的摄取。请大家务必多吃生食。

利用食物酵素

提高减肥的效率

木瓜、菠萝、奇异果，拥有大量酵素的水果

只要是生的食品都含有身体所喜欢的各种酵素。如果是选择酵素较多的食物来食用，不仅可以提高减肥的效率，还可以改善身体的状况。至于经常在外用餐，没有办法增加生食比例的人，如果可以将这些重点食物记在脑海里，应该就可以毫不犹豫地决定要吃的菜色。

此外，也可以在常吃的小菜中加入生食。在不改变饮食习惯的前提下，很自然地习惯生食生活，进而补充足够的酵素。

食物酵素以帮助消化的运作为基础，依据种类的不同，所分解的营养素也不一样。请大家了解每一种酵素的运作，迈向生食减肥的高级班。

含有“蛋白质分解酵素”的水果

木瓜蛋白酶

拥有丰富的钾和食物纤维。因为钾可以帮我们调节体内的血压和钠的排泄，能有效改善浮肿问题。食物纤维的果胶可以包裹胆固醇等物质，并将它们排出体外，同时也有刺激肠内的功能，可以消除便秘。

青木瓜含有丰富的木瓜蛋白酶！

木瓜

当木瓜成熟之后，木瓜蛋白酶（Papain）就会减少，但甜度却会增加。青木瓜含有丰富的维生素C，也可以切成细丝做成色拉来食用。

菠萝酵素

果汁和叶子里含有可以分解蛋白质的消化酵素。吃了菠萝之后舌头之所以会感觉麻麻的，就是因为菠萝中含有大量的菠萝酵素。将猪肉和菠萝一起料理，也是要利用菠萝酵素让肉质变软的缘故。制作食物时只要直接加入生的菠萝即可。

菠萝

因为含有大量可将食物纤维和糖分转化成能量的维生素B_1，对减肥相当有效。

菠萝可以帮助肉质变软。♥

含硫蛋白分解酶

含硫蛋白分解酶，是奇异果特有的消化酵素。特别是它的整肠作用相当受到重视，具有强大促进消化的效果。绿色奇异果中的含量比黄色奇异果来得多，如果让它们完全熟透，浓度还会变得更高。此外，奇异果的食物纤维和糖类可以帮助肠内益菌的增殖，发挥足以媲美乳酸菌的整肠效果。

奇异果独有的酵素。♥

奇异果

奇异果含有大量维生素C和具高度抗氧化效果的多酚（Polyphenol），吃起来也非常方便。

淀粉酶——帮助糖类的消化

淀粉酶是一种可以分解淀粉、制造出成为身体能量来源的糖的消化酵素。在白萝卜和卷心菜中含量相当丰富的消化酵素——淀粉糖化酵素（Diastase），也是淀粉酵素的一种。淀粉酶在体内由唾液腺或胰脏进行分泌，咀嚼过的米饭之所以会慢慢变甜，就是因为唾液中所含的淀粉酶的作用。如果可以从食品中进行淀粉酶的补充，就可以节约体内的消化酵素，也可以提升胃肠的运作。吃喝过度之后，因消化不良而造成胃部食物堆积时，只要摄取消化酵素便可有效解决问题。

香蕉

除了淀粉酶之外，还有麦芽糖酵素、蔗糖酵素等各种消化酵素。同时也含有大量可以提高水分代谢的钾。

白萝卜

食用白萝卜泥是一种可以轻松摄取淀粉酶的方法。它同时也含有具有解毒作用的氧化酵素（Oxidase）。

卷心菜

卷心菜中所含有的酵素，除了促进消化之外，其预防癌症的效果也引起热烈讨论。此外，它还含有维生素U，可以拿来作为胃肠药。

山药

山药泥饭是淀粉酶和食物最棒的组合。具有黏性的成分——黏液质多糖（Mucin）可以保护胃的黏膜，并帮助消化。

解脂酵素——帮助消化油腻的料理

解脂酵素，是分解脂肪、制造可作为肌肉能量来源的脂肪酸和甘油的消化酵素。它存在于体内的胰液和血液中，如果从食品中补充解脂酵素，可帮助分解食物中的脂肪，减轻胃肠、胆囊、肝脏、胰脏的负担。解脂酵素也具有配合需要，让内脏脂肪和皮下脂肪进行燃烧的功能。含有解脂酵素的食物，是减肥所不可或缺的优良食品，尤其是纳豆和泡菜等发酵食品含量特别丰富。

发酵奶油

以乳酸菌让生乳发酵的奶油，它不同于使牛奶的脂肪分离，并加以凝固的普通奶油，发酵奶油含有丰富的活酵素。

味噌

味噌是由米曲所制作而成的大豆发酵食品。在发酵的过程中，还会产生解脂酵素以外的酵素，也很适合用来制作肉类料理的蘸酱。

纳豆

纳豆除了解脂酵素之外，还含有淀粉酶和蛋白酶，以及让血液变得清澈的纳豆菌。

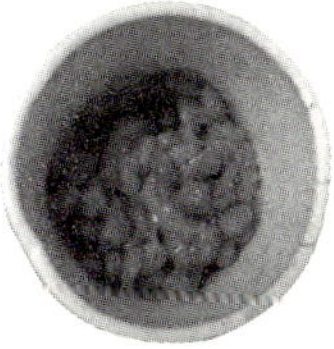

天然起司

借着乳酸菌或酵素让牛奶发酵就成了起司，解脂酵素就是风味的来源，但加工干酪（Processed cheese）因为经过加热加工，所以就不含酵素了。

让酵素发挥更高的功效

摄取食物酵素还不够，“辅酶”也非常重要

所谓“辅酶（Coenzyme）”，指的是支持酵素的物质，对身体的新陈代谢相当有帮助，有些体内酵素如果缺乏辅酶就无法运作。

辅酶主要的来源是饮食中所摄取的维生素，特别是维生素B族乃是体内代谢相关之辅酶的材料，非常重要。

如果以代表性的物质来进行说明：将糖分转变成能量时需要维生素B_1，将脂肪转变成能量时需要维生素B_2，蛋白质和氨基酸的代谢则需要维生素B_6，除此之外，在各种场合还可以帮助多达300种的酵素工作。不过，因为辅酶会因压力和饮酒随着维生素C而消耗掉，所以，请记得要从食物中进行补充。最近广受大家讨论的Coenzyme Q_{10}也是辅酶素。

可以从生食中进行补充的辅酶与其食品

可以发挥辅酶功效的营养素	辅酶含量丰富的食品
维生素B_1 将糖分转变成能量时需要	鳕鱼子、大豆、大蒜、葱
维生素B_2 将脂肪转变为能量时需要	肝、鲥鱼、沙丁鱼、纳豆
维生素B_3（烟碱酸Niacin） 脂肪、碳水化合物糖类、酒精的代谢需要	鳕鱼子、柴鱼、鲔鱼、竹夹鱼、鲭鱼
维生素B_5（泛酸Pantothenic acid） 脂肪、糖类、蛋白质的代谢需要	纳豆、鳕鱼子、鳄梨、蘑菇
维生素B_6 蛋白质、氨基酸的代谢需要	柴鱼、鲔鱼、鲑鱼、香蕉
辅酶Q_{10} 制造能量时需要	肝、柴鱼、鲔鱼
镁 糖类、脂肪、蛋白质的代谢等	海藻、大豆制品
硫磺 糖类和脂肪的代谢需要	葱、芦笋、芹菜、沙丁鱼

摄取维生素，让生食生活更加助力

维生素和矿物质与酵素一样，对人体来说都是不可或缺的物质。在往后的时代，如要维持健康或对抗老化，应该也需要善加利用营养补给品。不过，可不是随意服用就好的。

让我们以对美容来说十分重要的维生素C作为例子。

首先，购买的时候要注意成分标示。请看看浓缩在营养补给品中的营养素是否是从自然的生物中所萃取出来的。为了让维生素C在体内发挥功效就需要维生素P，这是因为在自然界的植物中，维生素C和维生素P一定是同时存在的。因为它们不会共同存在于化学合成的东西中，所以，可能不会有太好的效果。请尽量选择玫瑰果油等自然的东西。

其次是摄取量，根据厚生劳动省的“日本人的饮食摄取基准”，关于一天的维生素C摄取量，成年男性和女性都是

100毫克。不过，这个数字并不代表“只要摄取到这个数量就不会生病”，而且，维生素C也会因为压力而消耗。维生素C可以提高免疫力，保护身体免受活性氧的伤害。诚如大家所知，它还可以帮助胶原蛋白的合成、血管和黏膜的补助以及荷尔蒙的生成。因为它的功能相当多样，一想到它的特质，就应该更积极地摄取。

让我们也来谈一谈摄取的时机。维生素C是水溶性的，不使用的话，2～3小时就会排出体外。不用担心过多症，不过，与其一次摄取很多，倒不如间隔约3小时再进行摄取，以免在体内的效果发生中断。

一如上述，根据营养素的性质，营养补给品各自有其适当的摄取分量和时间。所以，请仔细阅读内容标示，让生食生活变得更加充实。

暴饮暴食，必须三天后才能恢复健康

到此为止，我们所聊的都是生食为我们带来的幸福。之后，大家只要按照自己的节奏来实行“生”活就可以了。“一切都非得如此不可！”这种顽固的想法只会造成美容和健康上的阻碍。

就算是偶尔吃吃法国菜或是到烧肉店去也无所谓。不过，取而代之的是，隔天，不只是早餐，连午餐也要改吃水果。如果过分暴饮暴食的时候，就必须花上3天的时间慢慢地把账算清楚。只要带着这样的轻松心情就可以了，在升高或降低生食比例的同时，一定可以发现适合自己的模式。

Part 3

生食酵素新吃法，

让你爱上轻饮食！

早上的水果

如黄金一般

水果早餐，为身体带来无比的轻盈感

光是借着在早上摄取水果，饮食量的生食比例就可以提高为30%，如果继续坚持下去，大约多久可以收到成效呢？

首先以第一个礼拜为目标。

刚开始实行这种饮食法的时候，可能会觉得没有吃饱，还没到中午，肚子就饿了。尤其是在早餐摄取大量脂肪的人，之前吃的都是面包、汉堡蛋、米饭加烤鱼等菜色。但是，如果可以持续忍耐地吃着只有水果的早餐，身体马上就会感受到生食所带来的舒畅，传来一种充满养分的感觉，不管是满腹的痛苦或空腹时的焦虑都可以忘得一干二净。

下一个阶段，速度快一点的人大概第一个月就可以感受到。

在体型和体重上会发生改变。衣服变得宽松，排便变得顺畅，而且也会有开心的事发生。只是，出现效果的速度会因为过去的饮食习惯而有所差异……胖的人会早一点看到效果。就算过了一个月也没瘦下去的人，请继续坚持下去，不要着急。

持续一年之后。

你应该会发现你已经找回了原本的自己。所谓“原本”，就是原来的样子，也就是发现健康又有活力的自己。生食是活的东西，因为自己充满力量，所以嗅觉、味觉等五感也得到锻炼，身体一定也会变得更加强壮。

认识了原本的自己之后，就可以听到心灵深处的声音。这么一来，就可以掌握到因为季节和忙碌的状况而发生改变的身体的恶化征兆。我原属于容易长疱疹的体质，不过，在长出来之前我已经可以先收到信号。如果出现征兆，就可以多补充睡眠，让酵素堆积在体内，或是控制饮酒量等，都可以达到预防的效果。

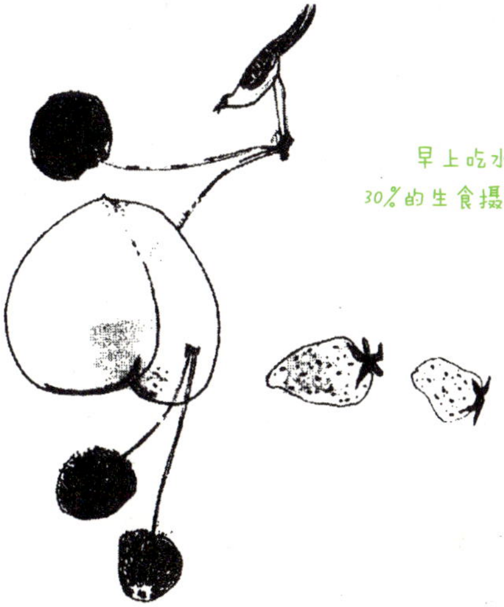

早上吃水果，就可以提高30%的生食摄取量。

选择时令水果最鲜美

我最喜欢的水果就是苹果。365天，每天一定要吃一个苹果。除了早餐之外，在家的日子，也都以苹果来当点心，所以，如此计算下来，至少一年要吃500个以上。当我告诉朋友时，他们总是感到非常惊讶，这的确是一个相当惊人的数字。

或许是因为持续吃苹果的关系，我已经知道在不同的季节，或不同的产地所摘取的苹果滋味有何差异。只要吃一口，我就知道那个苹果是否新鲜。而且，越是新鲜的苹果，我就越能感受到苹果中所蕴含的生命力（酵素）。苹果就是这样成了我生食的基础。

我也吃其他的水果。比方说，夏天的话我吃西瓜。但我不会把它切成薄片。我一次就可以吃掉1/4个。秋天的话则吃柿子和梨。一天吃2～3个对我来说是很正常的事。冬天时我会吃柑橘类，强烈推荐金橘，我会先把它们洗好放在篮子里，想吃的时候，就整颗丢进嘴巴里，不用切也无所谓。

一如前文所述，生食是很平常的方式。因为它是生活的一部分，所以不用勉强准备昂贵的水果。当然，偶尔品尝一下珍贵的外国产品也很开心，但基本上，只要是水果店有卖的随手可及的水果就可以了。

夏天吃西瓜，秋天吃梨子，冬天吃金橘，选择当季随手可买到的水果，就能从水果中取得最好的酵素。

水果除了酵素，还有更多的营养

刚刚摘下来的水果，即当季的新鲜食物，充满了人类在此季节所需的营养。不只是酵素，就连维生素和矿物质也是如此。即使没有加热，如果吃的是烂掉的水果，那就没意义了。只有鲜度完全无法妥协！这种想法才是将营养毫不浪费地送进体内的快捷方式。

如果可以再奢侈一点，那就没完没了了。事实上，比起温室栽培，我还比较想在当地品尝现摘的水果，有机产品也相当吸引我。要将这所有的想法进行统一，实在非常困难，所以请大家以“自己身边的新鲜食物比远方的有机食物更好”为原则。

以下详细列举出新鲜水果中所含有的营养素。除了酵素之外，还有这么多营养，看了之后应该会更想吃吧。

新鲜水果中所含有的酵素以外的营养

苹果

拥有丰富的钾和食物纤维。因为钾可以帮我们调节体内的血压和钠的排泄，能有效改善浮肿问题。

食物纤维的果胶可以包裹胆固醇等物质，并将它们排出体外，同时也有刺激肠内的功能，可以消除便秘。

柠檬

柠檬含有丰富的维生素C与柠檬酸。柠檬酸可以缓解疲劳并促进能量代谢的活性化，同时也可防止老废物质的堆积。

柿子

维生素C和单宁可以帮我们把血液中的酒精成分排出体外。同时也含有利尿作用的钾，非常适合在宿醉后的隔天早上食用。

梨子

特有的清爽口感来自果肉中名为石细胞的食物纤维。可促进肠内乳酸菌的增加，让肠的运作恢复正常。

草莓

草莓的维生素C含量相当丰富，只要吃上5～6个草莓，就可满足一天的饮食摄取标准。维生素C可以预防斑点，并促进胶原蛋白的生成，对美化肌肤有着很好的效果。

芒果

芒果的鲜艳色彩来自胡萝卜素和类黄酮（Flavonoid）色素。胡萝卜素具有抗氧化作用，可有效预防老化。类黄酮可抑制活性氧，维持血管的健康。

橘子

除了维生素C以外，橘子中还含有带有黄色色素的β-隐黄质（beta_cryptoxanthin）。它可以保护细胞免受致癌物质的伤害。

柳橙

柳橙和橘子、柠檬一样，含有丰富的维生素C，而且也含有维生素B_1，可以帮助糖类转化成能量，提升我们的体力。

人体的健康防护机制，会随着四季变化

春、夏、秋、冬四季所能收成的季节性作物，可以对随着季节而改变的人体带来良好的效用。

让我们先来看看春天。春天是解毒的季节，它是将冬天时为了击退寒冷和感冒所储存的脂肪排出体外的季节。仿佛是为了和这一点互相呼应，这个时期所采收的食物中，含有大量可帮助解毒的营养物质。

比方说，在野山中所收的山菜就是其中的代表之一。山菜含有许多纤维和矿物质，可以促进身体的新陈代谢。有趣的是，营养都特别集中在山菜的成长点上。所谓的成长点，指的是刚刚发出嫩芽的前端，楤的芽、紫萁和蜂斗都是吃它的成长点。过去的人虽然不懂营养学，却还是这么做，真的非常了不起。把它做成天妇罗或是加油炒过，都是为了去掉上头的苦味。

如果要以水果来进行说明，草莓应该很容易理解。春天的草莓含有特别丰富的维生素C。因此，可以帮我们修复强劲紫外线的伤害，这也是一种解毒。

说到夏天，它是补充矿物质的季节。在这个季节中，美味的西瓜、哈密瓜和小黄瓜等瓜类，以及西红柿等夏季蔬菜，因为含有大量的钾，所以可以补充体内随着汗水而流失的矿物质。镁也会随着汗水被排出体外。可以消除热气，让我们的心情恢复清爽的醋腌海藻等料理，可说是最适合用来补充镁的料理。

秋天是储存脂肪的季节。身体会为了冬天储存脂肪，藉以御寒。如果可以借着正值收割期的米和杂谷、马铃薯、栗子等来补充葡萄糖，那就太好了。

冬天是提升免疫力的季节。为了保护身体免受感冒或病毒的伤害，需要吃点含有胡萝卜素和维生素的食物。可多摄取柑橘类的水果和菠菜。

楤、紫萁、蜂斗

楤，学名：Aralia elata，有刺，芽为红色。

紫萁，学名：Osmunda japonica Thunb，多年生宿根性的草本地生蕨类植物。

蜂斗菜，学名：Petasites japonicus，菊科蜂斗菜属，叶子呈肾圆形。

水果连皮一起吃下，吸收多酚更健康

我通常都将苹果连着皮一起大口吃下，葡萄皮也是连皮吞下，柿子、梨子也不削皮。柑橘类虽然无法这么做，但是，只要可以入口的，我都会连皮吃下！我建议大家也这么做。

理由当然是因为这么吃比较方便、美味。同时，从健康的角度来说，吃皮也是一件好事。

苹果、葡萄、蜜枣和蓝莓等深色水果的外皮上，富有多酚类的营养素（黑豆和茄子等蔬菜中也有）。多酚类物质之所以对人体有益乃是因为我们可以将它当做盾牌来抵挡紫外线及自由基。

太阳的光线对水果来说是不可或缺的，然而同时，紫外线的存在也有可能会成为敌人。因为基因可能会因为紫外线而受到伤害。所以，为了不让基因受到伤害，让子孙可以平安无事地生存下来，水果会利用多酚这把洋伞来保护自己体内的种子。

当红酒在几年前掀起一阵风潮时，这种营养素也引起了广泛的讨论。多酚同时也是可以帮助我们预防心脏病的珍贵营养素，只不过，我们没有办法像水果一样在体内制造出多酚。现在大家应该知道将水果连皮一起吃下的好处了吧。

水果的外皮含有丰富的多酚，连皮一起吃下可以预防心脏病和皮肤癌。

菠萝拥有惊人的酵素含量

只要是生的水果都含有酵素，其中，尤以热带水果的酵素含量最为丰富。如果以我们身边随手可得且价钱平实的水果来说，应该就是菠萝吧。但有人却不喜欢吃菠萝，菠萝不仅香味和甜度都非常浓郁，最出色的地方莫过于它酵素含量之丰富，是生食的最佳伙伴。

菠萝中含量相当丰富的菠萝酵素可以分解蛋白质。咕咾肉和汉堡肉等肉类料理之所以会经常加入菠萝，并不只是为了要增添料理的风味，它同时也有着软化肉质和促进消化的目的。也就是说，因为菠萝酵素可以促进蛋白质的分解，如果和肉类及鱼类一起食用，就可以让消化更加顺畅，不会在胃里造成食物的堆积。

除此之外，菠萝酵素也具有分解肠内腐败物质的功能。对于防止腹泻、放屁或是当胃肠发生原因不明的不适时，也相当有效。

不过，因为尚未成熟的菠萝反而会成为消化不良和皮肤粗糙的原因，所以，最好是选择成熟的菠萝来食用。此外，罐头菠萝也不是太好，因为它们经过加热加工，没有任何酵素残留，对减肥和促进健康并没有帮助。

我经常听人家问：“生的菠萝要怎么切才好呢？”就如同以下所说明的一样，非常简单。

菠萝的切法

1. 首先，将叶子的部分切下。
2. 将菠萝直切成对半。
3. 然后，再对切一半，变成1/4。
4. 切除下半部，垂直下刀，将芯的部分切掉。用菜刀以横向或纵向把皮切掉即可。

超美味酵素果汁的秘诀

制作果汁的时候，最轻松的方法就是使用榨汁机或果汁器。只要利用手边有的食物，把它们切成适当的大小，再按下开关就可以了，不用太计较所使用的分量。在意的人可以经常备好苹果、香蕉和胡萝卜这三种水果，再将它们和其他材料加以混合就可以了。这三种蔬果当中，只要加入了其中一种，就可以产生一定的甜味。喝一口之后，“啊，好好喝啊！”——我从来没有过这样的经历。

苹果可以使用在需要清爽的甜味时。香蕉则可以用在想喝甜味浓郁的果汁时。因为它很耐饿，所以非常适合在肚子饿的早晨来饮用。胡萝卜可以在想制造淡淡的甜味时来使用。即使和卷心菜或荷兰芹等叶菜类一起加入搅拌，也不会留下蔬菜的腥味。而且，如果可以加入少量柠檬，还可以让味道变得更加浓郁，容易入口。

柠檬还有其他好处。它可以帮我们抵抗胡萝卜中所含有的维生素C氧化酵素（Ascorbinase）。事实上，这种成分会破坏维生素C，不过，只要挤入一点柠檬就可以加以阻止。

如果想让味道来点变化，可试着加入一汤匙的黄豆粉、豆奶、酸奶、蜂蜜、可可粉、肉桂或椰奶。其中，黄豆粉对女性特别好。将整颗大豆磨成粉之后所成的食物含有丰富的异黄酮（Isoflavones），可以调整女性荷尔蒙，对生理期不顺或更年期障碍也非常有效。

让果汁变好喝的三种水果

苹果

除了酵素之外，也含有丰富的钾和食物纤维。

香蕉

含有淀粉酶、麦芽糖酵素、蔗糖酵素等酵素。

胡萝卜

Carrot的语源即为“carotin（胡萝卜素）”，可以抑制活性氧。

最适合早上饮用的果汁

要吃掉整个水果似乎有点麻烦……有这种感觉的人，不妨试着榨果汁。一杯刚榨好的新鲜果汁中，含有丰富的食物酵素！连同维生素和矿物质的力量，在早晨为你的身体加油。当然，水果中也含有丰富的食物纤维，它可以在不给消化造成负担的情况下为我们的腹部进行扫除，是最适合清晨4点至正午的排泄时间的饮料。只要使用果汁器，在很短的时间之内就可以制作完成。

菠萝口味的热带风情果汁

以水果中酵素含量特别丰富的菠萝为主要材料。请不要使用罐头，务必使用新鲜的菠萝。可以一口气喝到清爽的酸味和甜味。

材料准备（2杯份）

菠萝50g、橘子1个、香蕉1/3个。

豆奶（成分无调整）1/2杯。

做法

1. 将菠萝的皮削掉，切块。

2. 将橘子的皮剥掉，取出肉的部分（也可以连皮）。

3. 将香蕉的皮剥掉，切成2cm~3cm的长度。

4. 将1~3的材料和豆奶放入果汁机中，打至完全均匀。

香蕉雪克

材料准备（2杯份）

香蕉1个、苹果1/2个、胡萝卜1/4条、柠檬汁少许、冰块适量。

做法

1. 将香蕉的皮剥掉，切成2cm~3cm的长度。

2. 将苹果彻底洗净，去芯，切成小块状。

3. 将胡萝卜彻底洗净后，切成适当大小。

将步骤1~3的材料和柠檬汁加入果汁机中，再加入冰块搅拌均匀。

使用含有各种消化酵素的优良水果——香蕉，制作成果汁冰（Smoothie）风味的饮料。请将苹果彻底洗净，为了补充多酚和纤维，请整颗一起食用。

卷心菜果汁

可以借着豆奶的蛋白质补充氨基酸。而且卷心菜含有淀粉糖化酵素（Diastase），香蕉和苹果中也含有各种酵素，喝一杯就可以摄取丰富的营养。

材料准备（2杯份）卷心菜叶子3片（约120g）、香蕉1/2个、苹果1/4个、豆奶（成分无调整）1/2杯。

做法

1. 将卷心菜彻底洗净，撕成适当的大小。
2. 将香蕉的皮剥掉，切成2cm～3cm的长度。
3. 将苹果彻底洗净，去芯，切成小块状。
4. 将步骤1～3的材料和豆奶放入果汁机中，打至完全均匀。

香蕉可可

香蕉和苹果含有丰富的水溶性与非水溶性两种纤维。而且，因为可可中含有多酚和镁的成分，这道果汁对消除便秘非常有效。

材料准备（2杯份）

香蕉1个、可可粉1大匙、苹果1/4个、豆奶（成分无调整）1杯。

做法

1. 将香蕉的皮剥掉，切成2cm～3cm的长度。

2. 以热水（未列入材料中）溶解少量的可可。

3. 将苹果彻底洗净，去芯，切成小块状。

将步骤1～3的材料和豆奶放入果汁机中，打至完全均匀。

绿色蔬果汁

卷心菜与菠菜丰富营养的搭配。菠菜除了铁质之外，还含有造血所需要的叶酸，可有效改善贫血。是一道可以每天饮用的美味绿色蔬果。

♥ 材料准备（2杯份）

菠菜1/2把、卷心菜2片（约80g）、香蕉1个、苹果1/4个、水1/4杯。

♥ 做法

1. 将菠菜和卷心菜的叶子彻底洗净，撕成适当大小。

2. 将香蕉的皮剥掉，切成2cm～3cm的长度。

3. 将苹果彻底洗净，去芯，切成小块状。

将步骤1～3的材料和水放入果汁机中，打至完全均匀即可。

红色蔬果汁

西红柿的茄红素（Lycopene）和胡萝卜的胡萝卜素具有强力的抗氧化作用。除了酵素之外，也含有大量可以消除水肿的钾和维生素C。做出的果汁是一杯可以防止老化、带来愉悦心情的果汁。

♥ 材料准备（2杯份）

胡萝卜1/2条、西红柿1/2个、草莓4粒、苹果1/4个、柠檬汁少许、水1/4杯。

♥ 做法

1. 将胡萝卜彻底洗净，切成适当的大小。

2. 将西红柿彻底洗净，去蒂，连皮切成块。

3.将草莓洗净后去蒂。

4.将苹果彻底洗净，去芯，切成小块状。

将步骤1～4的材料、柠檬汁和水加入果汁机中，打至完全均匀。

芒果酸奶昔

芒果中所含的丰富酵素、食物纤维以及可提高免疫力的胡萝卜素，可以和酸奶中的乳酸菌一起帮我们调整肠道。加上蜂蜜的甜度之后，更是美味！

♥ 材料准备（2杯份）

芒果1颗、原味酸奶1杯、豆奶（成分无调整）1/2杯、蜂蜜适量。

♥ 做法

1. 将芒果的皮削掉，取出果肉，切成适当的大小。

2. 将切好的芒果和豆奶加入果汁机中，打至完全均匀。

加入酸奶加以搅拌，一边试试味道，一边随个人喜好加入蜂蜜。

蜜枣果汁

干燥的蜜枣含有丰富的矿物质和食物纤维。因为苹果所含有的食物纤维和酵素，可以有效消除便秘。做出的果汁带有浓郁的甜味，口感浓稠，是一道可以饱腹的果汁。

♥ 材料准备（2杯份）

干燥的蜜枣2粒、苹果1/2个、豆奶（成分无调整）1杯。

♥ 做法

1. 干燥的蜜枣，若有核请将其取出。

2. 将苹果彻底洗净，去芯，切成小块状。

将步骤1和2的材料放入果汁机中，加入豆奶，打至完全均匀即可。

口味清爽的柑橘汁

材料是含有丰富维生素的柑橘类组合。橘子中含有大量可帮助其运作的柠檬黄素（Hesperidin）。香味中带有可让人放轻松的效果，柠檬酸则可帮助恢复疲劳。

♥ 材料准备（2杯份）

橘子1个、葡萄柚1/2个、碳酸水1杯、蜂蜜适量。

做法

将橘子和葡萄柚都横切成一半，并以榨汁器将果汁榨出。

依个人喜好加入冰块，并倒入已榨好的橘子葡萄柚果汁，再加入碳酸水。再依个人口味加入蜂蜜调味。

水果起司甜点

以天然起司为主角的蓝白奶酪（Fromage blanc）和酸奶加以混合之后，会形成口感浓稠的霜状，一定可以满足你“啊，好想吃鲜奶油啊！”的渴望。将含有丰富酵素的水果放入容器当中，取代酱汁加以混合就可以食用了。借着加入朗姆酒后带点苦味的变化，让它成为大人喜爱的甜点。

材料准备（2杯份）

蓝白奶酪100g、原味酸奶40g、蜂蜜适量、覆盆子50g、菠萝40g、奇异果40g、葡萄干20g、核桃20g、朗姆酒1大匙。

做法

1. 将核桃切成大块，和葡萄干一起泡在朗姆酒中。

2. 将蓝白奶酪和酸奶放入大碗中，加入蜂蜜加以混合。

3.将菠萝和奇异果切成约1cm的立方体。

依序将步骤1的葡萄干、步骤2的材料及覆盆子和步骤3的材料放入容器中，最后搭配上步骤1的核桃。

奇异果颗粒果汁

除了酵素之外，奇异果还含有比柑橘类更多的维生素C。如果再加入含有丰富矿物质的荷兰芹和苹果，就更能提高身体的解毒作用。这道果汁可消除各种疙瘩，请务必尝试看看。

♥ 材料准备（2杯份）

奇异果1个、苹果1/2个、荷兰芹的叶子少许、冰块适量。

♥ 做法

1. 将奇异果的皮削掉，切成适当大小。

2. 将苹果彻底洗净，去芯，切成小块状。

将步骤1～2的材料、荷兰芹的叶子、冰块放入果汁机中，打至完全均匀即可。

草莓蜂蜜幕斯

利用酸奶和蛋白的蛋白霜创造出柔软滑嫩的口感。这道果汁中加入了大量的蜂蜜，蜂蜜是蜜蜂利用体内酵素分解花蜜所形成之分泌物。除了糖分之外，也含有酵素。除此之外，维生素、铁质和钾等矿物质含量也相当丰富。草莓除了含有可去除胆固醇的果胶（Pectin），也含有丰富的维生素C，具有高度的美颜效果。

♥ 材料准备（2杯份）

草莓300g、原味酸奶1杯、蜂蜜6大匙、柠檬汁1小匙、粉状鱼胶10g、蛋白2份、砂糖少许、薄荷少许、水3大匙。

♥ 做法

1. 将草莓去蒂，加入蜂蜜，用叉子压成浆状。

2. 将水加入粉状鱼胶中加以浸泡，再用微波炉加热30秒使其溶化。

3. 将步骤1和酸奶放入大碗中

加以混合，并将步骤2的鱼胶也加入混合。

4. 在蛋白中加入砂糖打至起泡，做成蛋白霜。

5. 一边在步骤3的大碗底部加入冰水，一边加入柠檬汁加以混合，使其呈现淡淡的浓稠状后，再加入步骤4加以混合。

倒入容器，放入冷藏室中加以冷却，吃的时候再以薄荷叶和草莓装饰。

如何克服对生菜的障碍

植物的嫩芽也是酵素的宝库

Sprout这个英文单词是“植物的新芽”的意思。也就是蔬菜的种子或豆类发芽长出的东西，“豆芽菜”和“白萝卜的嫩芽”就是其中的例子。现在，特别引起大家关注的嫩芽就是如苜宿芽一般，芽还没有长得太高，发芽大约第2～3天的新芽。

1997年美国约翰霍普金斯大学（Johns Hopkins University）的保罗.·塔拉利（Paul Talalay MD）教授发表了《发芽第三天的绿色花椰菜嫩芽中，含有可以抑制癌症的名为萝卜硫素（Sulforaphane）的酵素诱导物质》的研究结果，让绿色花椰菜嫩芽瞬间形成一股热潮。

让我们来仔细谈谈这个讯息。

植物的种子原本就含有大量发芽、成长所需要的酵素。但同时也含有会抑制这些酵素活动的酵素抑制物质。这是为了让酵素在种子落入泥土，吸收水分，并达到适合发芽的状态之前，不要进行运作的自然机制。这对种子来说是留下子孙所需要的运行准则，不过，如果人类将它吃进身体却会发生问题。

也就是说，如果人类生食植物的种子，酵素的运作就会受到抑制，不只会引起腹泻，还会对消化造成极大的负担。当然，食用加热后的种子因为没有酵素抑制物质，所以已经没有坏处了，但却也会失去宝贵的酵素。

不过，如果是嫩芽呢？因为已经具备了发芽条件，且从酵素抑制物质得到解放，处于能量火力全开的已发芽状态，充满了丰富的酵素，而且，也没有抑制物质。再加上，发芽之后，已经不再是以种子的状态存在，所以，也会制造出酵素、维生素、矿物质、蛋白质等各种营养素，浓缩了所有的营养。

多款酱汁，变化出吃不腻的生菜色拉

想生吃蔬菜时，最常浮现在脑海中的菜色就是色拉。不过，如果想要每天摄取相当于色拉的蔬菜量却非常困难。

因此，为了让吃色拉变成一种习惯，让我们来学习酱汁的变化。如果味道可以改变，吃起来一定更加美味。根据所搭配的材料，如果放进冰箱里，可以保存4～5天。

如果还是想吃煮过之后的菜色，请注意以下事项：若是用煮的，一定要在还有硬度的时候就把食物捞起来，然后马上放进冷水中浸泡，冷了之后，再马上从冷水中捞起来。如果是用炒的话，炒的时间一定要短。这样的话，因为食物还有口感，比较美味，而且也可以防止余热的加热作用。

八种酱汁，每日都有新吃法！

白萝卜泥柚子醋

柚子醋2大匙、白萝卜泥2大匙，也可视个人喜好加入辣椒粉等香料。

芝麻蛋黄沙拉酱

蛋黄沙拉酱2大匙、芝麻酱1小匙、柠檬汁少许。

鳄梨酱汁

鳄梨1个、蛋黄沙拉酱1大匙、柠檬汁少许、咖哩粉少许、盐巴和胡椒适量。

鳄梨必须使用已经成熟的。去掉种子之后用叉子压碎，加入剩下的调味料后，充分混合。如果有剩下的生鱼片，拌入食用也很美味。

米糠酱菜塔塔酱

蛋黄沙拉酱2大匙、原味酸奶1大匙、米糠酱菜（切碎）1大匙、柠檬汁少许。

使用腌过的酱菜会更加方便，任何蔬菜都可以。

芝麻柚子醋

柚子醋2大匙、芝麻糊1～2小匙、柠檬汁少许。

卡特基起司酱汁

卡特基起司（Cottage Cheese）2大匙、原味酸奶1大匙、盐巴和胡椒适量、特级初榨橄榄油少许、柠檬汁少许。

若加入喜欢的香料碎末，可更添香味。

健康蛋黄沙拉酱

蛋黄沙拉酱1大匙、原味酸奶1大匙、颗粒状黄芥末1小匙、柠檬汁少许。

味噌酱

红味噌2大匙、白味噌1大匙、高汤1～2大匙、特级初榨橄榄油1大匙。

也可以使用苦椒酱来代替红味噌，若使用苦椒酱，需把分量减少。

生菜料理，也能成为具有饱足感的主菜

西班牙冷汤（Gazpacho）

将蔬菜压碎延伸制作而成的冷汤，是欧美国家生食的标准菜色之一。充满着以西红柿为基底的清爽酸味，以及Tabasco墨西哥辣椒酱的刺麻辣味的西班牙冷汤，是夏季中最美味的一道料理。顺带一提，完全成熟的西红柿所含有的酵素较为丰富。

材料准备（2杯份）

完全成熟的西红柿1个（大）（约250g）、洋葱1/4个、小黄瓜1/4个。

大蒜1瓣、橄榄油1大匙、法国面包1cm～2cm、酒醋2小匙。

Tabasco墨西哥辣椒酱少许、盐巴和胡椒各适量。

做法

1. 利用热水将西红柿的皮剥掉，挖出籽，将汤汁沥干后，切成大块。

2. 将小黄瓜的皮削掉，切成大块，并将洋葱和大蒜切成大碎块。将法国面包撕碎备用。

3. 将法国面包、西红柿、小黄瓜、洋葱、大蒜放入大碗中，快速地搅拌一下后，撒入少许盐巴和胡椒，淋上橄榄油，加以混合搅拌。用保鲜膜封上后在冰箱中静置半天，让它彻底入味（如果没有时间，也可以省略这个步骤）。

4. 将步骤3的材料放入果汁机中充分搅拌。加入少许的盐巴、胡椒、酒醋和墨西哥辣椒酱汁后，加以搅拌至平滑柔顺。然后，再次放入冰箱进行冷藏（以果汁机搅拌时，如果水分不足时，可加入少量的水）。

将步骤4冰镇过后的材料倒入容器中，并以西红柿和小黄瓜的小方块（未列入材料中）进行点缀，再淋上一点橄榄油即可。

古斯古斯风（Couscous）西兰花

法国料理中常见的古斯古斯是一种以面粉作成的意大利面。这是利用西兰花取代古斯古斯所制作而成的清爽减肥料理。将含有丰富维生素C和食物纤维的西兰花完全切碎之后，即使生吃也很容易入口，口感也相当好。让我们善加利用酱汁的佐料来制作吧。

♥ 材料准备（2杯份）

西红柿2个、西兰花1朵、虾夷葱1/2把、松子2大匙。

♥ 酱汁

橄榄油1大匙、柠檬汁1大匙、盐巴和胡椒适量、黄芥末少许。

♥ 做法

1. 将西红柿的蒂头部分挖除1cm左右，再挖出中间果肉，做成一个容器。

2. 将虾夷葱切碎。除去西兰花的轴，并将其切碎。

3. 将酱汁的材料放入大碗中加以混合，再加入西兰花、细香葱和松子加以搅拌，静置30分钟，待其入味。

4. 将步骤3的食物装入步骤1的西红柿中即可。

醋腌彩色蔬菜

胡萝卜和白萝卜等根菜类是含有丰富酵素和食物纤维的优秀蔬菜。生吃时无法接受蔬菜硬度的人，请试着用削皮器如削皮般将蔬菜刨成细细的薄片。即使是少量的酱汁，味道也会完全渗进蔬菜，看起来滑溜溜的相当美味。

♥ 材料准备（2杯份）

胡萝卜1/2个、白萝卜100g、小黄瓜1个、细香葱1/2把、盐巴少许。

♥ 酱汁

橄榄油2大匙、柠檬汁1大匙、巴萨米克醋1大匙、盐和胡椒各适量。

♥ 做法

1. 将胡萝卜、白萝卜和小黄瓜以削皮器刨成细细的丝状。

2. 将步骤1的食物中撒入盐，静置一会儿，变软后再将水分挤出。

3. 在大碗中混合酱汁的材料，并加入步骤2的蔬菜，加以搅拌。

4. 装入容器中，撒上横切的细香葱即可。

凯萨色拉佐鳄梨酱汁

除了酵素之外，鳄梨中还含有丰富的维生素E和钾，可以有效改善老化和浮肿的问题。加入酱汁之后，味道会变得香醇浓郁，也可以和叶菜类充分混合。还有一个重点是，最后要加上半熟蛋不但可以饱腹，鲜艳的黄色和浓稠感也会让人忍不住想要尝一口。

材料准备（2人份）

莴笋1/2个、芝麻菜（Rocket）1把、小西红柿8个、芹菜1根、鸡蛋2个、醋少许、帕门森起司（Parmesan Cheese）适量。

鳄梨酱汁

鳄梨1个、胡萝卜碎末1小匙、水2大匙、橄榄油2小匙、柠檬汁2大匙、盐巴和胡椒各适量。

做法

1. 用冷水清洗蔬菜，并去除水分。

2. 用菜刀将鳄梨直切成一半，再将果肉切成不规则状。将鳄梨和剩下的酱汁材料放入果汁机中，搅拌成滑顺的霜状。

3. 用手将莴笋和芝麻菜撕成容易入口的大小。

4. 将小西红柿去蒂，切成一半。并将芹菜切成容易入口的大小。

5. 制作水煮蛋。将鸡蛋一个一个地打入小碗中。用锅子将高约4cm～5cm的水煮沸，加入少量的醋之后，轻轻地将鸡蛋放入，等到了蛋白硬化的半熟状态时，再将其取出。

将步骤3的蔬菜和步骤2的鳄梨酱汁放入大碗中加以搅拌后，装入容器。放上小西红柿，削入一点帕门森起司，再放上水煮蛋即可。

手工米糠酱菜，摄取蔬菜不足的酵素

要不要试着制作“个人专用腌渍用米糠”？只要每天将蔬菜放进去，轻轻松松就可以增加一道蕴含着浓厚情感的小菜。腌渍用米糠中含有许多可以帮我们整肠的乳酸菌，而且，我们还可以摄取到生的蔬菜中所没有的酵素和维生素。

为了让腌渍用米糠可以干净地保存，请注意以下事项。

首先，因为乳酸菌发酵需要酵素，所以每天都要从底部充分搅拌。为了不让杂菌跑进去，要经常擦拭容器（我使用的是市面出售的密闭式容器）的边缘。夏天时，因为发酵速度过快，所以要连容器一起放进冰箱中。

如此做出的米糠酱菜，我一餐可以吃上1根小黄瓜，芹菜也是1根，白萝卜的话是1/4个，高丽菜则可以吃光1/6个。

腌渍用米糠的制作方法

材料准备：

米糠2kg、粗盐250g、水9杯（1800kg）、海带长宽切成3cm左右备用、大蒜2～3瓣、姜2～3片、红辣椒5～6根。

做法：

1. 用锅将水煮沸，加入粗盐煮至溶化后，便可熄火。米糠可在米店购买新鲜货。

2. 将米糠放入容器内（附盖子，可密闭的容器），慢慢加入步骤1冷却后的盐水，并从底部充分搅拌。这个时候的触感还是很硬，干干地结块。米糠的分量若为容器的七分满，比较好搅拌，要取放蔬菜也比较轻松。

3. 放入藉以调味同时还可以防虫的海带、大蒜、姜和红辣椒等，从底部充分搅拌。

4. 将水分较多的卷心菜和白萝卜的叶子当做可丢蔬菜，腌在米糠的底部。腌好之后，将酱菜表面如用手掌压过一般地整平，再用拧得非常干的抹布擦去周围的脏污，并盖上盖子。每天都要搅米糠，2～3天后取出可丢蔬菜，再放入新的蔬菜，如此重复3～4次。当米糠变得和味噌一样湿润的时候，腌渍用米糠就完成了。

5. 可以随个人喜好腌渍小黄瓜、茄子或白萝卜等蔬菜。

米糠酱菜是日本传统的代表性酱菜，
利用米糠中的乳酸菌发酵来腌渍蔬菜。

新吃法！

简易生食食谱

创意酱料让鱼肉料理不再一成不变

如果要生吃鱼类，最好的就是生鱼片了。生鱼片是日本的文化，而且也非常美味。我虽然也很喜欢吃生鱼片，不过，如果吃法只是一个样子实在很无趣。建议你可以尝试一下自己特有的调味方法，西式、中式，每天更换不同的方法来品味生鱼片。只要花一点工夫，就可以提高生食比例。

之所以希望大家可以多吃鱼类和肉类，除了是因为它们含有酵素之外，从健康的角度来说我也相当推荐。牛肉中含有蛋白质，生火腿中也含有身体代谢所不可或缺的维生素B_1，鲔鱼含有DHA外，还有铁质和牛磺酸（Taurine），鲭鱼则含有丰富的DHA。每一种都是对人体有益的营养素，请和水果、蔬菜一起均衡摄取。

其他酱料参考

鳄梨酱汁（凯萨色拉）

玛林那酱（Marinade）（鲔鱼薄片）

纳豆美乃滋（纳豆美乃滋生春卷）
（美乃滋=蛋黄沙拉酱）

韩国辣酱（泡菜色拉细面）

广泛应用的肉类和鱼类酱料

和风纳豆酱汁

磨碎的纳豆40g、醋1大匙、盐1/3小匙、酱油4小匙、芥末粉1小匙、橄榄油4大匙。

在海苔片上放上苜宿芽等嫩芽，淋上纳豆酱汁之后，便成了海苔手卷式的美味轻食。

民族风鱼露酱料（鱼露=虾油）

鱼露4大匙、大蒜泥少许、柠檬汁1大匙、蜂蜜少许，淋在烟熏海鲜上就能更添异国风味。经过烟熏的肉类和鱼类为半熟状态，因为还留有酵素，对身体有益。

中式芝麻酱料

酱油1大匙、柠檬汁1大匙、芝麻油1小匙、高汤1/4杯、盐和胡椒各少许。

此酱料和鲥鱼等生鱼也相当对味，如果可以搭配白萝卜的嫩芽、莴笋、胡萝卜、绿紫苏、葱、香菜等蔬菜，便成了好吃的中式生鱼片。

法式风味酸辣酱料

米糠腌小黄瓜1/3条、西红柿1/2个、洋葱末2大匙、橄榄油2大匙、柠檬汁1大匙、盐和胡椒各适量。

这是一道利用法国人常吃的酸辣酱（Ravigote Sauce）以及切碎的西红柿和米糠腌小黄瓜来增添酸味的酱汁，可以突显出味道的重点。

肉类料理中也含有酵素

生火腿水果卷

顾名思义，不同于一般的火腿，生火腿是不用加热的生食。事实上，这道以生火腿搭配水果的前菜是最佳的生食料理。木瓜和无花果含有许多独特的蛋白质分解酵素，还可以帮助生火腿的消化。

材料准备（2人份）

无花果2个、木瓜1/4个、生火腿8片、芝麻菜适量。

做法

1. 将无花果的皮剥掉，分成两等份。
2. 将木瓜去籽削皮，切成1/cm厚。
3. 将生火腿各切成一半。

用生火腿将无花果、木瓜卷起来，加以冷藏，装盘后再以芝麻菜装饰。

牛肉薄片塔塔酱

如果要生食的话，牛肉还是最佳选择。将整块牛肉的外侧用中火微微烤过。以米糠酱菜取代塔塔酱中的西式咸菜，因为酸奶和米糠酱菜都是发酵食品，所以含有丰富酵素。虽然味道清淡但却风味十足，可以和蔬菜一起享用。

材料准备（2人份）

牛腿肉（整块）100g、樱桃萝卜适量、洋葱薄片1/4个、橄榄油适量。

米糠酱菜佐塔塔酱

米糠腌小黄瓜1/2条、原味酸奶2大匙、蛋黄沙拉酱2大匙、洋葱末1大匙、盐和胡椒适量。

做法

1. 将米糠腌小黄瓜切碎。

2. 将酸奶、蛋黄沙拉酱、米糠腌小黄瓜和洋葱末加以混合，做成塔塔酱。

3. 将橄榄油倒入平底锅中加热，放入整块牛肉，并将表面烘烤至硬，再以铝箔纸包裹起来，静置30分钟（牛肉内部为半熟状态）。

4. 在洋葱丝上撒上一点盐，轻轻揉搓，等洋葱变软之后再进行水洗，并把水分拧干。

将步骤3的牛肉切成容易入口的薄片，装进容器中。加上步骤4的洋葱丝和樱桃萝卜，并淋上步骤2的酱料。

生鱼片以外的生食鱼类料理

醋腌鲑鱼

除了酵素之外，生鲑鱼中还含有可以改善血液循环的IPA（不饱和脂肪酸，Eicosapentaenoic Acid）和代谢所需要的维生素B族等许多对女性相当有帮助的营养素。同时，鲑鱼中还含有DHA、锌和维生素D，都是补给营养的食物。即使是减肥中也可以多吃。

♥ 材料准备（2人份）

生鲑鱼200g、小茴香适量、洋葱1个、柠檬1个、盐1/2杯、砂糖1/2杯。

♥ 做法

1. 将生鲑鱼的皮去掉，充分洗净，并将水分擦干。

2. 将盐巴、砂糖放容器大锅中加以搅拌，并加入择成小段的小茴香，加以混合。

3. 将步骤1的鲑鱼放在步骤2上面，并把步骤2撒在整块鲑鱼上，加以覆盖，用保鲜膜封起后放进冰箱冷藏室，静置

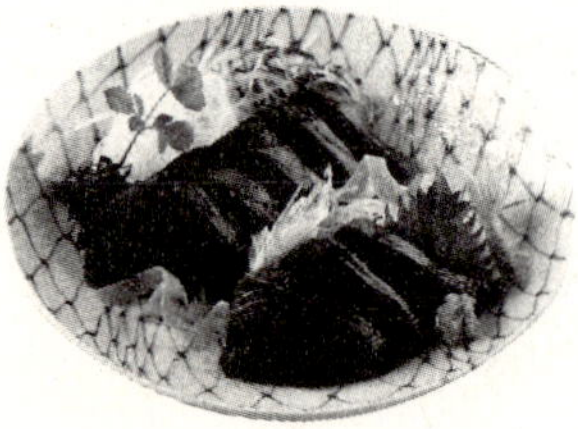

2～3小时。

4. 将洋葱切成丝，用盐巴加以揉搓，当洋葱软化之后，再加以水洗，并把水分拧干。

5. 将步骤3的鲑鱼表面用水洗过，把水分擦干。切成5mm厚的薄片。

将步骤4的洋葱铺在容器上，再装入步骤5的鲑鱼，附上柠檬，并以小茴香装饰即可。

鲔鱼薄片

一说到标准的生鱼料理，就让人想到鲔鱼。为了可以常吃，不至于吃腻，不妨试着把鲔鱼薄片加入料理清单中。光是把鲔鱼切成薄片，就可以品尝到不同于以往的口感。因为事先以醋味酱汁做了调味，所以连同叶菜类吃起来都相当美味，起司的滋味也带有一点新鲜感！

♥ 材料准备（2人份）

鲔鱼（红肉）200g、芝麻菜80g、莴笋40g、帕门森起司适量。

♥ 玛林那酱（Marinade）

橄榄油50ml、酒醋2大匙、大蒜末1小匙、盐和胡椒各适量、柠檬汁1大匙、颗粒黄芥末2小匙。

♥ 做法

1. 将芝麻菜彻底洗净，和撕碎的莴笋一起浸泡在冰水中，再去除水分。

2. 把玛林那酱的材料放入碗中，充分搅拌。

3. 将整片鲔鱼浸泡在步骤2的玛林那酱中，约2小时。

将莴笋装在容器里。

将步骤3的鲔鱼切成薄片，放在步骤4的莴笋上，并淋上玛林那酱，完成后再撒上帕门森起司，并加上芝麻菜即可。

引以为傲的酵素发酵食品

纳豆是发酵食品中的代表。生食减肥效果的关键就是酵素的运作，但事实上，不只是生的蔬菜和水果，这种发酵食品 也具有非常大的功效。它的健康效果不可低估，外国人讨厌纳豆实在是非常可惜的一件事。

所谓的发酵 ，指的是利用酵母（用来酿酒的菌类）等微生物酵素，来分解有机化合物（含糖类）。因为微生物含有许多消化酵素，所以，相较于发酵前的食物，发酵食品中含有特别多的消化酵素。

纳豆是利用名为纳豆菌的细菌让大豆蛋白质发酵的食品。

除了分解蛋白质的酵素蛋白酶，纳豆还含有将糖类转化成葡萄糖的淀粉酶、将脂肪转化成甘油和脂肪酸的解脂酵素、将纤维质转化成糖的纤维素酵素（Cellulase）等各种不同种类的酵素。大家应该可以想象在体内所进行的多样化的运作情形吧。

再加上最近，我们已经知道在纳豆特有的黏性中，含有名为纳豆菌的酵素，使得它再度受到众人注目。

纳豆菌可以溶解造成血管堵塞的血栓（血块），让血液恢复正常，防止生活习惯病（译注）和老化。此外，就像乳酸菌一样，纳豆菌会活着到达肠道，具有整肠作用，也可以有效提高免疫力。

据说，一天只要吃上1～2盒纳豆，就可以期待纳豆产生的健康效果。如果将它当成每日的生食食物，就能获得极大的好处。

顺带一提，晚上肚子饿的时候，你都怎么办呢？与其吃饼干，我推荐大家不妨吃纳豆。夜晚是身体的肌肉缓解疲劳、骨骼进行再生的时间。比起糖类，蛋白质对这些再生活动更有帮助。

生活习惯病

1996年日本厚生省（相当于我们的卫生部），将过去大家所称的“文明病”加以定义并重新更名为“生活习惯病”。这些疾病都有一个相似的特征，都是长期不良的饮食习惯、运动习惯、吸烟、饮酒与睡眠习惯所养成的。包括癌症、心脏病、肝病、糖尿病、脑血管疾病、高血压、肥胖、骨质疏松、牙周病等。

纳豆——让你开始爱上纳豆的美味料理

纳豆蛋黄沙拉酱生春卷

以和风的手法来重新搭配异国料理中常见的生春卷。因为用了蛋黄沙拉酱为纳豆调味，所以，就算不使用盒子中所附的调味料也可以吃。除了包在皮里面的蔬菜，加入酱料中的姜的香气也会满溢口中。

♥ 材料准备（6人份）

柴鱼80g、韭菜1/2把、红椒1/2个、生春卷皮（米皮）6张。

♥ 纳豆淡化沙拉酱

磨碎的纳豆60g、蛋黄沙拉酱2大匙、姜泥少许、酱油2小匙。

♥ 做法

1. 将柴鱼切成1cm厚。

2. 将韭菜切成10cm长。将红椒直切，去籽，切成1cm宽。

3. 将纳豆蛋黄沙拉酱的材料充分搅拌。

4. 利用喷雾器将生春卷皮喷湿软化后，从靠自己这边开始，依序放上柴鱼、红椒、纳豆蛋黄沙拉酱，卷上一圈，最后再包入韭菜。

5. 剩下的部分也以同样的方法继续制作，完成后即可装盘。

鲔鱼拌香味纳豆

这不仅是纳豆的食谱，也是鲔鱼的食谱，请把它当成不同风味的鲔鱼切片。如果和大量辛香蔬菜搭配，便可以消除纳豆的味道。一直被当做早餐配菜的纳豆，也可以脱胎换骨，变身为一道点缀晚饭餐桌的豪华菜色。

♥ 材料准备（2人份）

鲔鱼生鱼片100g、纳豆100g、长葱40g、小黄瓜1/4条、柴鱼片5g。

酱油1大匙、辣椒粉适量。

♥ 做法

1. 将葱和小黄瓜切碎。

2. 用菜刀将鲔鱼剁碎。

3. 将步骤1的辛香蔬菜和步骤2的鲔鱼、纳豆放入大碗中加以搅拌混合。然后，放入柴鱼片、酱油、辣椒粉加以混合，就可盛装在容器中。

泡菜——让代谢和免疫力都得到提升

有人告诉我，韩国人之所以健康和美容就是因为泡菜。

每一个家庭都有泡菜专用的冰箱，每一个家庭的母亲也都会用他们家特有的腌渍法来制作泡菜，这是代代相传的神秘技术。这些泡菜的健康效果在日本也相当受关注。

泡菜是在白菜等生的蔬菜中，加入大蒜、姜、辣椒、韭菜等辛香蔬菜、腌咸沙丁鱼、腌咸糠虾、鱼酱等调味料进行自然发酵，熟成后即为发酵食品。泡菜中不仅含有各种不同的酵素，乳酸菌也会在发酵过程中，以腌咸鱼等蛋白质当做饲料，进行成长，酝酿出无法从生的蔬菜中获得的健康效果。

而且，令人惊讶的是，这些乳酸菌的数量之多。它们是足以和酸奶媲美的“乳酸菌食品”，质量相当好。

1克的泡菜中所含的乳酸菌大约有8亿。♥ 虽然所有的酱菜都含有乳酸菌，不过，因为盐腌白菜的数量是480万，米糠腌芜菁（芜菁=圆菜头、盘菜）是3400万，腌白萝卜是20万，比较起来，在数量的差异上非常明显。

泡菜中所含的乳酸菌为乳酸杆菌（Lactobacillus）。它是一种可抵抗胃酸，并活着到达肠道的强力益生菌（Probiotics）。它可以增加肠内的益菌，消除便秘，并提升免疫力。

除此之外，泡菜中还含有大量牛磺酸、天冬氨酸（Aspartic Acid）、烟碱酸（Niacin）等可以促进代谢的营养素。因为属辛辣成分的辣椒中的辣椒素（Capsaicin）具有强力的燃烧脂肪效果，是不容错过的减肥食品。

泡菜直接食用就很好吃，不过，拿来和各种食物互相搭配也很对味，因为它本身的美味，所以常常被拿来当做料理的调味。比生的蔬菜容易保存也是它的优点，请把它当做生食生活的常备菜来灵活运用。

最适合消暑减肥的泡菜

卡布里风味泡菜豆腐

卡布里（Caprese salad）指的是意大利的前菜料理。将本来必须使用马扎瑞拉起司的地方以豆腐来取代，做成适合减肥的菜色。豆腐本身并没有强烈的味道，所以泡菜的浓厚滋味会显得特别突出，不管是搭配啤酒或日本酒都非常对味。

♥ 材料准备（2人份）

白菜泡菜60g、日本豆腐1块、西红柿2个、粗粒胡椒少许、青葱适量。

♥ 做法

1. 将泡菜切碎。将青葱横切。

2. 除去日本豆腐的水分，直切成一半，然后再切成1cm厚的片状。将西红柿切成一半，再切成1cm的片状。

3. 将泡菜、豆腐、西红柿依序重迭，排放到容器当中。放上青葱，撒上粗粒胡椒。

泡菜色拉细面

在面的上头摆上清脆的蔬菜和生鱼片，关键当然就是泡菜，这是一道充满生食的料理。除了可以得到相当的满足感，也非常适合在夏天没有食欲的时候来品尝。请尽情享受泡菜的麻辣滋味。

♥ 材料准备（2人份）

细面2把、白菜泡菜40g、莴苣50g、生鱼片（可随个人喜好使用鲥鱼等鱼类）100g、白萝卜（生鱼片的配菜）适量、西兰花嫩芽40g。

♥ 韩国辣酱

韩国辣酱2大匙、炒芝麻2大匙、柠檬汁2小匙、泡菜汁2小匙、蜂蜜少许。

♥ 做法

1. 将生鱼片的配菜白萝卜洗过之后，把水分沥干。

2. 将莴笋切成细丝，并把泡菜切成容易入口的大小。

3. 将酱料的材料加以混合。

4. 在锅里放入大量的水，并加以煮沸，放进细面将其煮熟后，将面捞起放进滤网里，以流动的水快速洗过，等面条变凉之后将水分彻底沥干，放入大碗中。将步骤3的佐料加入一半，以及步骤1的白萝卜和步骤2的莴笋，加以混合之后，装进容器里。

在步骤4上面放上生鱼片和泡菜、西兰花嫩芽，并淋上剩下的酱料。

搭配酸奶和起司，提高生食比例

酸奶和新鲜起司都是由生乳发酵而成的优良生食。因为它们也可以让料理变得更加浓郁，所以许多人都经常使用。但请不要把它们和经过加热加工的加工起司（Processed Cheese）一视同仁。

发酵奶油也非常值得推荐。普通的奶油是将作为原料的牛乳进行热杀菌所制作而成的，所以发酵所需要的乳酸菌也遭到破坏。但是，发酵奶油的话就没有这个问题。在针对细菌这个卫生问题上，为了提高保存性，作为原料的牛乳虽然经过一次杀菌，但在制作过程中，会再次加入乳酸菌让它发酵。

发酵奶油带有通过发酵所产生的香气和独特的风味。吃过之后，就会知道它有着一般奶油所无法媲美的美味。

我们也稍微聊一下蛋。在蛋中，含有解脂酵素、蛋

酸奶和新鲜起司也可以拿来作为酱汁或果汁的材料，如果经常加以活用，也可以提升生食比例。

白酶、淀粉酶、磷酸水解酶（Phosphatase）、过氧化氢酶（Catalase）等酵素。因为这些酵素也会因为加热而遭到破坏，所以请大家不要加热过度。

不过，生蛋的蛋白中所含有的成分会阻碍维生素的吸收。一旦缺乏维生素，就有可能引起皮肤炎，请注意不要摄取过量。

我经常做水煮蛋，就是一边将蛋放在料理上捣碎，一边品尝，会让口感显得更加圆润，在减少多余调味料的同时也可以补充酵素。将蛋摆在色拉上，再撒上盐和胡椒，就不需要酱汁了，如果将它拌在面里，也非常好吃。

利用起司和酸奶制作的令人惊艳的餐前菜

竹夹鱼拌酸奶

竹夹鱼可以预防动脉硬化，是很适合多吃的青色鱼类。以醋来增加湿润度，并拌上酸奶之后，就可以去掉鱼腥味，变得非常容易入口。味道的重点是酸味圆润的颗粒黄芥末酱，也可当做正式的小点。

材料准备（2人份）

竹夹鱼4小条、洋葱1/4个、小黄瓜1/2条、盐适量、醋适量、红胡椒少许。

酱汁

原味酸奶2大匙、橄榄油1大匙、颗粒黄芥末酱1小匙、柠檬汁1大匙、盐和胡椒各适量。

做法

1. 将竹夹鱼切成3片，取出腹骨和小骨，撒上盐，静置约1小时。

2. 将洋葱切成丝。将小黄瓜直切成一半，再斜切成薄片。将洋葱和小黄瓜放入大碗中，撒上些许盐之后加以揉搓，静置片刻。出水后，将水分彻底拧干。

3. 把醋倒入大盘中，将竹夹鱼的水分完全擦干之后，腌渍1小时。把水分擦干之后，把竹夹鱼的皮剥掉，斜切成容易入口的大小。

4. 将酱汁的材料倒入大碗中搅拌均匀。再加上洋葱、小黄瓜和竹夹鱼。

5. 装入容器，以红胡椒装饰即可。

木瓜蓝纹起司

蓝纹起司是以山羊的奶水以绿霉菌加以发酵所制作而成的。这种起司拥有独特的气味，事实上这也是酵素的运作所形成的。只要加上一点点蜂蜜，就可以调和与散发着独特气味的木瓜相互搭配后的味道。这是一道会让口中充满甘甜滋味的前菜。

材料准备（2人份）

木瓜1/2个、蓝纹起司80g、核桃20g、蜂蜜少许、菊苣1株、粗粒胡椒少许。

做法

1. 将木瓜直切后，削皮去籽，切成5cm块状。

2. 将核桃切成大块。

3. 将菊苣一片一片地剥下，泡在冷水中，使其变得清脆，然后将水分擦干。

将退冰后的蓝纹起司和核桃、木瓜加以混合搅拌，放在菊苣上，淋上些许蜂蜜之后，再撒上胡椒粒。

如何养成生食的习惯

烹调生食的7个秘诀

生食的关键是，尽可能生吃，不要施以任何烹调步骤。不过，餐点如果不够美味的话，就很难长时间持续。所以，就让我教大家一边灵活运用酵素，一边制作出美味料理的7个秘诀。

首先，最大前提是要使用新鲜的食物。因为食物中所含有的酵素，会随着食物的腐败而遭到破坏。大部分的水果都是在完全成熟的时候含有最丰富的酵素，不过，也有例外，像木瓜在尚未成熟中含有较丰富的酵素。最好可以先确认一下附近的商店中，哪一家有新鲜的商品。在比较质量和价钱的同时，找到可以支持你的生食习惯的店家。因为饮食并不是非日常性的活动，而是每一天要做的事，这些小小的累积是非常重要的。在我家附近的餐厅店门前，一周两次摆出“现摘蔬菜市场”时，我一定会前往走逛、采买。因为我确实感受到：如果要生吃的话，还是现摘的比较美味！

秘诀1

保存食物时，一定要用保鲜膜紧紧地包裹起来

蔬菜和水果中的酵素或矿物质接触到外界的空气后，就会开始减少。为了不让它们跟空气接触到，必须将切口用保鲜膜紧紧包裹起来，再加以冷藏。

虽然这件事听起来很理所当然，不过，应该有很多人一不小心就会疏忽紧紧包裹这个动作。食物的鲜度用眼睛就可以判断。即使在裹上保鲜膜放进冰箱之后，也要记得尽早把它吃完。

秘诀2

变换切法可以吃出不同味觉

色彩鲜艳的生蔬菜看起来赏心悦目。就算是常见的色拉和凉拌，也请试着改变一下切法。特别是白萝卜和莴笋、胡萝卜等坚硬的根菜类，为了烹调出容易入口的美味，更需要

多下功夫。除了视觉上的变化之外，味道也会不一样。

以白萝卜为例。切下10cm，再将它磨成泥，看起来就相当漂亮。也可以切成丝或薄片。

利用刨刀将白萝卜刨成如彩带一般，看起来也非常赏心悦目。因为刨得很薄，所以味道很容易就可以渗透进去，吃起来也非常清脆爽口。

秘诀3

食物大小切成相同，帮助快速受热均匀

虽然生食的基本原则就是生吃，不过，若是要将所有的食物都拿来生吃，其实有点困难。如果是蔬菜的加热调理，最好是短时间就可以完成的快炒料理。如果食物的大小各不相同，受热会比较不均匀，蔬菜中就会有水汽跑出来。解决这个问题的秘诀是，将材料切成一样大小。

将食物切成相同大小是料理的基本原则。这么一来煮起来会比较快，酵素的流失也会比较少。

秘诀4

食用前再凉拌料理

除了色拉之外，在平日的餐桌上，最常出现的生食就是凉拌料理。虽然大家都认为凉拌过后，再静置一段时间，会比较入味、可口。不过，随着时间的流逝，会跑出一些水分，料理会变得水水的，反而得不到效果。为了活用酵素，也为了让料理更美味，最好是在食用之前再进行凉拌。

若是醋拌料理，则和上述情况相反。醋拌料理必须借着让味道渗透进食物中来增添美味，所以必须早一点浸泡在酱汁中。凉拌之后，经过一段时间，不但酵素会减少，料理也会变得水水的。请记得要在即将食用前，再快速凉拌。

秘诀5

利用盐揉搓软化坚硬的蔬菜

卷心菜、胡萝卜、白萝卜等蔬菜，在生的状态下，有时会显得过于坚硬。如果很难入口，可以试着用盐揉搓，让蔬菜软化。切成容易入口的大小之后，撒上多一点的盐和水，再快速揉搓一下就可以了。这么一来，所形成的口感也恰到好处。

除了洋葱之外，卷心菜和白萝卜等也含有丰富的消化酵素，不过，如果生食的话，可能会太过坚硬，让人无法接受。此时，正确的解决方法就是用盐轻轻搓过。

★酱菜也是生食坚硬蔬菜的方法，可以用盐来进行腌渍，也可以借着米糠腌渍让食物发酵，提升酵素的含量。

秘诀6

烧烤肉类或鱼类时，半熟即可

虽说“不可以加热”，不过，如果菜色的变化少了，吃起来实在很无趣。食用肉类和鱼类的时候，请把它们烤到半熟，将酵素的损失控制在最小的程度。准备新鲜的食物，单单把外侧在短时间内快速地烤至上色，内部烤至半熟，这样就可以食用了。牛肉的话，只要使用烤薄片般的料理法，很轻松地就可以品尝到美味的牛肉。此外，如果使用的是猪肉等必需彻底烤熟的食物时，请借着搭配大量的生蔬菜来补充酵素。在不会变得太过神经质的前提下，考虑饮食的全面性均衡，就可以快乐地将生食饮食坚持下去。

半熟料理小技巧！简单的自制烟熏肉法

借着烟来熏烤肉类或鱼类的烟熏料理调理法也是避免加热过度，在半熟的状态下品尝美味的方法。在中式炒锅中铺上铝箔纸，放入2～3大匙的红茶茶叶和两大匙的砂糖来取代小木屑。用大火烧烤，起烟后，将食物放在烤网上，同时盖上较大的耐热碗，将烟关住约3～5分钟。即使是家庭式厨房也可以轻松料理。

如果烹调至半熟程度，便可以完全留住酵素。若是肉类的话，请选择完整的块状，并以中火烧烤表面。如烧肉一般的薄切肉片只要快速地烤过单面就可以了。

秘诀7

利用调味食物，在控制油量的同时，也创造具满足感的滋味

烹调生食的时候，以调味方式、酱汁和调味料的味道为美味的关键。在这个时候，“尽量减少用油”的技巧对减肥来说也相当重要。在这里，我将为大家介绍可以创造出鲜味

和浓郁风味的调味食物，不仅不会淡而无味，还可以解决味道缺乏变化的问题。

1. 味噌：

含有酵素的调味料。可以蘸蔬菜或做成味噌酱菜。也可将红味噌和白味噌加以混合调味。

2. 咖喱粉：

混合了各种香料，光是香味便可以引起食欲，小孩子也相当喜欢。

3. 柴鱼片：

含有大量氨基酸。只要撒一点在色拉上，就可以增添鲜味。

4. 颗粒黄芥末酱：

有着适中的辣味和酸味，可以成为酱汁和调味料的重点。

5. 原味酸奶：

感觉很像鲜奶油，当做调味料来使用的话，可以创造出浓郁的口感，也可选用无糖的酸奶。

6. 樱花虾： 含有丰富钙质、矿物质。可以加入凉拌料理中，也可以搭配色拉来使用。

生食Q&A，一次解决你对生食的疑问

Q **哪些食品生吃后会对身体有害？**

A **一般来说，无法生吃的东西最好是可以避开。**

蔬菜中，马铃薯的芽中含有大量名为龙葵碱（Solanine）的毒性物质。虽然龙葵碱会因为加热而遭到破坏，不过，生吃的时候，最好还是避免芽、皮，以及变成绿色的部分。

豆类也不适合生食（纳豆等的发酵食品则另当别论）。因为它含有会阻止分解蛋白质的酵素——胰蛋白酵素（Trypsin）运作的物质，容易引起消化不良、腹胀和腹泻。

Q **生食是否会有感染寄生虫的危险？**

A **寄生虫的感染病并非是生吃蔬菜的缘故。**

感染寄生虫的真正原因是以肉类为主的脂肪摄取过多，而导致食物纤维不足。

这样的饮食生活会将大肠内部变成容易让寄生虫幼虫

孵化的环境。摄取过多的蛋白质，会造成坏菌的增殖，纤维质不足会引起便秘。这么一来，老废物质会长时间停留在肠内，造成各种不良的影响。

相反的，生蔬菜含有丰富的食物纤维。借着大量摄取生蔬菜，可以让益生菌增加，防止寄生虫感染。

不过，买回来的水果和蔬菜并不能直接拿来食用。因为上面残留着农药和泥巴，所以，在食用之前最好先洗干净。

Q 水果会造成血糖值的上升吗？

A 水果中所含的果糖并不会让血糖值急速上升。

水果中所含的糖类不只是葡萄糖，还包括果糖。因为果糖不会刺激胰岛素，所以，血糖值不会急速上升。在意血糖值的人，与其少吃水果，倒不如尽量少吃经过精制的砂糖或谷类。

Q 吃了生的蔬菜之后，会不会容易腹泻？

A 肠胃较差的人请在早上以新鲜果汁来补充酵素。

有时候，对肠胃较差的人来说，生的蔬菜可能会形成一种负担。所以，我推荐以水果或蔬菜果汁代替较佳。

容易拉肚子的人请记住要细嚼慢咽。享用色拉的时候，将蔬果切成小块或绞成泥状也是一种方法。

Q 生的食物是否会让身体发冷？

A 如果能提升代谢，就可以保持正常体温

实际上，要让体温保持正常的关键乃在于能量是否可以有效率地燃烧。生食的水果、蔬菜、肉类和鱼类中也含有热量，其中含有大量为了燃烧这些热量所需的酵素、维生素和矿物质。与其说要避免身体发冷，应该是说要避免太冰凉的

食物，补充足够的酵素，来帮助代谢食物、产生热量。

不过，如果饮食分量极少，只吃生蔬菜的人，有的时候会因为热量不足而造成身体发冷。这个时候，请摄取含有糖分的水果和主食，保持饮食的均衡。此外，天寒时期，请吃些温暖的料理。在吃咖哩或炖煮料理时，也可以搭配生的蔬菜色拉。

图书在版编目（CIP）数据

生食减肥书 / (日) 吉川珠美著；吴怡文译. -- 昆明：云南人民出版社, 2011.4

ISBN 978-7-222-07428-6

Ⅰ.①生… Ⅱ.①吉… ②吴… Ⅲ.①减肥－方法 Ⅳ.①R161

中国版本图书馆CIP数据核字(2011)第070734号

著作权合同登记号：23-2011-039

策划总监　李耀辉
责任编辑　朱海涛
封面设计　熊琼工作室
出版统筹　郑中莉
特约编辑　赵　丹
版式设计　樊　瑶

生食减肥书

［日］吉川珠美　著
吴 怡 文　译

出　　版　云南出版集团公司
　　　　　云南人民出版社
发　　行　云南人民出版社
社　　址　昆明市环城西路609号
邮　　编　650034
网　　址　http://ynpress.yunshow.com
E-mail　rmszbs@public.km.yn.cn
开　　本　889mm×1194mm　1/32
印　　张　6.5
字　　数　95千字
版　　次　2011年8月第1版
印　　次　2011年8月第1印刷
印　　刷　三河市文通印刷包装有限公司
书　　号　ISBN 978-7-222-07428-6
定　　价　26.80元